子どもを
応援するための
特別支援教育

曽山 和彦 〔編著〕

edited by SOYAMA Kazuhiko

北樹出版

目　　次

〔教職課程コアカリキュラム〕**特別の支援を必要とする幼児、児童及び生徒に対する理解**

全体目標：通常の学級にも在籍している発達障害や軽度知的障害をはじめとする様々な障害
等により特別の支援を必要とする幼児、児童及び生徒が授業において学習活動に
参加している実感・達成感をもちながら学び、生きる力を身に付けていくことが
できるよう、幼児、児童及び生徒の学習上又は生活上の困難を理解し、個別の教
育的ニーズに対して、他の教員や関係機関と連携しながら組織的に対応していく
ために必要な知識や支援方法を理解する。

（1）特別の支援を必要とする幼児、児童及び生徒の理解

一般目標：特別の支援を必要とする幼児、児童及び生徒の障害の特性及び心身の発達を理解
する。

到達目標：1）インクルーシブ教育システムを含めた特別支援教育に関する制度の理念や仕
組みを理解している。

　　　　　2）発達障害や軽度知的障害をはじめとする特別の支援を必要とする幼児、児童
及び生徒の心身の発達、心理的特性及び学習の過程を理解している。

　　　　　3）視覚障害・聴覚障害・知的障害・肢体不自由・病弱等を含む様々な障害のあ
る幼児、児童及び生徒の学習上又は生活上の困難について基礎的な知識を身
に付けている。

（2）特別の支援を必要とする幼児、児童及び生徒の教育課程及び支援の方法

一般目標：特別の支援を必要とする幼児、児童及び生徒に対する教育課程や支援の方法を理
解する。

到達目標：1）発達障害や軽度知的障害をはじめとする特別の支援を必要とする幼児、児童
及び生徒に対する支援の方法について例示することができる。

　　　　　2）「通級による指導」及び「自立活動」の教育課程上の位置付けと内容を理解
している。

　　　　　3）特別支援教育に関する教育課程の枠組みを踏まえ、個別の指導計画及び個別
の教育支援計画を作成する意義と方法を理解している。

　　　　　4）特別支援教育コーディネーター、関係機関・家庭と連携しながら支援体制を
構築することの必要性を理解している。

（3）障害はないが特別の教育的ニーズのある幼児、児童及び生徒の把握や支援

一般目標：障害はないが特別の教育的ニーズのある幼児、児童及び生徒の学習上又は生活上
の困難とその対応を理解する。

到達目標：母国語や貧困の問題等により特別の教育的ニーズのある幼児、児童及び生徒の学
習上又は生活上の困難や組織的な対応の必要性を理解している。

子どもを
応援するための
特別支援教育

hapter ···序

「気になる子」支援の 方向性を見る

「令和の日本型学校教育の構築を目指して」 （中教審答申）より

　2021（令和3）年1月26日、中央教育審議会により、「「令和の日本型学校教育」の構築を目指して〜全ての子供たちの可能性を引き出す、個別最適な学びと、協働的な学びの実現〜（答申）」が取りまとめられました。答申は、第Ⅰ部「総論」と第Ⅱ部「各論」から構成されています。文部科学省（2021）のサイトより、概要、本文、いずれの資料もダウンロード可能です。プリントアウト等により手元に用意し、くり返して読み込むとよいでしょう。

本章では、「総論の3：2020年代を通じて実現すべき『令和の日本型学校教育』の姿」、「各論の4：新時代の特別支援教育の在り方」に焦点を当て、30分講義動画と文章により解説します。令和の時代の今、「学校教育はどのような方向性をめざすのか」、「特別支援教育を推進するためのポイントは何か」、一緒に学んで行きましょう。

【30分講義動画の概要】

1．講義名・日：kazustyle lec114・2022（令和4）年3月22日収録
2．講義内容；「令和の日本型学校教育の構築を目指して」（中教審答申）より、「気になる子」支援の方向性を見る
＊筆者は、2020（令和2）年からのコロナ禍以降、本章で紹介する講義動画をはじめ、各種テーマによる動画を撮りため、それらを「kazustyle lec」として整理しています。詳細は以下のリンクを参照のこと（QRコード）。

第1節 | 2020年代を通じ実現すべき「令和の日本型学校教育」の姿

　「「令和の日本型学校教育」の構築を目指して～全ての子供たちの可能性を引き出す、個別最適な学びと、協働的な学びの実現～（答申）」（以下、答申）には、2019年5月1日、新天皇の即位により幕を開けた「令和」という新時代に「学校教育が進むべき方向性」が示されています。その「方向性」の概要は、「はじめに」のなかに見て取ることができます（以下、文部科学省，2021，pp.1-2）。

　本答申は、第Ⅰ部総論と第Ⅱ部各論から成っている。総論においては、まず、社会の変化が加速度を増し、複雑で予測困難となってきている中、子供たちの資質・能力を確実に育成する必要があり、そのためには、新学習指導要領の着実な実施が重要であるとした。その上で、我が国の学校教育がこれまで果たしてきた役割やその成果を振り返りつつ、新型コロナウイルス感染症の感染拡大をはじめとする社会の急激な変化の中で再認識された学校の役割や課題を踏まえ、2020年代を通じて実現を目指す学校教育を「令和の日本型学校教育」とし、その姿を「全ての子供たちの可能性を引き出す、個別最適な学びと、協働的な学び」とした。ここでは、ICTの活用と少人数によるきめ細かな指導体制の整備により、「個に応じた指導」を学習者視点から整理した概念である「個別最適な学び」と、これまでも「日本型学校教育」において重視されてきた、「協働的な学び」とを一体的に充実することを目指している。さらに、これを踏まえ、各学校段階における子供の学びの姿や教職員の姿、それを支える環境について、「こうあってほしい」という願いを込め、新学習指導要領に基づいて、一人一人の子供を主語にする学校教育の目指すべき姿を具体的に描いている。

　すなわち、上記資料内に記されているように、2020年代を通じ実現すべき「令和の日本型学校教育」の姿とは、「個別最適な学び」と「協働的な学び」という二つの学びの姿であり、「学校教育が進むべき方向性」は、二つの学びが一体的に充実することをめざすということです。

　それでは、二つの学びとは具体的にはどのようなものなのか。以下、整理します。

■■■ 1．「個別最適な学び」とは

「個別最適な学び」とは、従来教師視点から使用されていた「個に応じた指導」という文言を、学習者視点から整理し直した概念です。そして、「個に応じた指導」の在り方は、以下のように、「指導の個別化」「学習の個性化」の2視点により具体的に示されています（以下、文部科学省，2021，pp.17-18）。

【「指導の個別化」とは？】

「全ての子供に基礎的・基本的な知識・技能を確実に習得させ、思考力・判断力・表現力等や、自ら学習を調整しながら粘り強く学習に取り組む態度等を育成するためには、教師が支援の必要な子供により重点的な指導を行うことなどで効果的な指導を実現することや、子供一人一人の特性や学習進度、学習到達度等に応じ、指導方法・教材や学習時間等の柔軟な提供・設定を行うことなどの『指導の個別化』が必要である」

【「学習の個性化」とは？】

「基礎的・基本的な知識・技能等や、言語能力、情報活用能力、問題発見・解決能力等の学習の基盤となる資質・能力等を土台として、幼児期からの様々な場を通じての体験活動から得た子供の興味・関心・キャリア形成の方向性等に応じ、探究において課題の設定、情報の収集、整理・分析、まとめ・表現を行う等、教師が子供一人一人に応じた学習活動や学習課題に取り組む機会を提供することで、子供自身が学習が最適となるよう調整する『学習の個性化』も必要である」こと

■■■ 2．「協働的な学び」とは

先に述べた「個別最適な学び」が「孤立した学び」に陥らないよう、以下のような「協働的な学び」の充実が重要であることが示されています（以下、文部科学省，2021，p.18）。

「これまでも「日本型学校教育」において重視されてきた、探究的な学習や体験活動などを通じ、子供同士で、あるいは地域の方々をはじめ多様な他者と協働しながら、あらゆる他者を価値のある存在として尊重し、様々な社会的な変化を乗り越え、持続可能な社会の創り手となることができるよう、必要な資質・能力を育成する」こと

校内研修会等の機会に、さまざまな授業を参観すると、子どもたちが、タブレット等のICT（Information and Communication Technology＝情報通信技術）機器を

活用しながら「個別最適な学び」に向きあう姿に触れることが多くなりました。そして、その後、お互いの学びをペア・グループワークを通して、確認・共有する「協働的な学び」が展開される授業風景もまた多く目にするようになりました。「全ての子供たちの可能性を引き出す、個別最適な学びと、協働的な学び」を一体的に充実させるにはどのようにするとよいのでしょうか？ 今、全国各地の教師が知恵を絞り、蓄積を始めている「よりよい学びづくり」に皆さんの参画が待たれています。

　以上、答申から、2020年代を通じ実現すべき「令和の日本型学校教育」の姿を整理しました。答申の引用頁を明示しましたので、より深く学ぶために、答申本文を参照してください。

■■ 第2節 │ 特別支援教育における「子どもの学び」の姿

　答申には、実現をめざす「子どもの学び」の姿が各学校段階ごとに示されています。特別支援教育に関しては、次の通り示されています（以下、文部科学省, 2021, p.21）。

> ・幼児教育、義務教育、高等学校教育の全ての教育段階において、障害者の権利に関する条約に基づくインクルーシブ教育システムの理念を構築することを旨として行われ、また、障害を理由とする差別の解消の推進に関する法律（障害者差別解消法）や、今般の高齢者、障害者等の移動等の円滑化の促進に関する法律（バリアフリー法）の改正も踏まえ、全ての子供たちが適切な教育を受けられる環境を整備することが重要である。
> ・こうした重要性に鑑み、障害のある子供と障害のない子供が可能な限り共に教育を受けられる条件整備が行われており、また、障害のある子供の自立と社会参加を見据え、一人一人の教育的ニーズに最も的確に応える指導を提供できるよう、通常の学級、通級による指導、特別支援学級、特別支援学校といった、連続性のある多様な学びの場の一層の充実・整備がなされている。

　答申の文言からは、特別支援教育における「子どもの学び」の姿として、「障害の有無にかかわらず、子どもたちがすべての教育段階において学ぶ」「障害のある子ども、障害のない子どもが可能な限り共に学ぶ」「障害のある子が

多様な学びの場で学ぶ」という３つの姿を見て取ることができます。特別支援教育は、すべての教師が行う教育であるということを、心に留め置きましょう。

 第3節　新時代の特別支援教育の在り方

　答申の第Ⅱ部は各論です。「幼児教育」「義務教育」「高等学校教育」「特別支援教育」「外国人児童生徒等への教育」「ICT活用」「環境整備」「学校運営・学校組織」「教師・教職員組織」という９つの各論が示されています。本節では、各論の４：「新時代の特別支援教育の在り方」から、筆者が、特に特別支援教育推進のポイントと捉える「（３）特別支援教育を担う教師の専門性向上」に絞って概説します。なお、本書は、小学校等の基礎免許状の教職課程コアカリキュラム「教育の基礎的理解に関する科目」の「特別の支援を必要とする幼児、児童及び生徒に対する理解」に対応した内容構成としたものです（巻頭掲載資料参照）。「特別支援学校教諭免許状の教職課程コアカリキュラム」（文部科学省，2022）に対応した構成ではないため、本節で取り上げる専門性も、「通常の学級、特別支援学級、通級指導教室」に関連したものに絞ります。

　答申「概要」には、次のように示されています（文部科学省，2021，p.9）。

---

①　全ての教師に求められる特別支援教育に関する専門性
・障害の特性等に関する理解や特別支援教育に関する基礎的な知識、個に応じた分かりやすい指導内容や指導方法の工夫の検討
・教師が必要な助言や支援を受けられる体制の構築、管理職向けの研修の充実
・都道府県において特別支援教育に係る資質を教員育成指標全般に位置づけるとともに、体系的な研修を実施
②　特別支援学級、通級による指導を担当する教師に求められる特別支援教育に関する専門性
・個別の指導計画等の作成、指導、関係者間の連携の方法等の専門性の習得
・OJTやオンラインなどの工夫による参加しやすい研修の充実、発達障害のある児童生徒に携わる教師の専門性や研修の在り方に関する具体的な検討
・小学校等教職課程において特別支援学校教職課程の一部単位の修得を推奨
・特別支援学校教諭免許取得に向けた免許法認定講習等の活用

皆さんのなかには、答申「概要」の文言のなかで、たとえば、「障害の特性等に関する理解」「特別支援学級、通級による指導を担当する教師」に目を留めたとき、「なぜ、通常学級の教師をめざす自分に関係があるのか？」「特別支援学級の担任を希望するつもりはないのだから、個別の指導計画のことを知る必要はないのではないか？」等、不思議に思う方もいることでしょう。それらの疑問に関しては、皆さんが、本書の第1章以降を読み進めるうちに、「なるほど」「そうだったのか」と少しずつ疑問が解けるような内容構成となっています。また、答申「概要」を読むと、「研修」という文言が複数回、目に留まります。幼児教育、義務教育、高等学校教育のすべての教育段階において、インクルーシブ教育システムの理念を構築するためには、「すべての教師は特別支援教育について理解する必要がある。そのためには研修等を通じて学ぶことが不可欠である」というメッセージが込められた答申と言えるでしょう。

〈やってみよう！ 演習〉
　各自、プリントアウトした「『令和の日本型学校教育』の構築を目指して～全ての子供たちの可能性を引き出す、個別最適な学びと、協働的な学びの実現～（答申概要）」を個人で読み込み、大事と思う言葉をマーカー等でチェックしましょう。その後、無理なく、ペアやグループで「気づいたこと・感じたこと」を伝え合いましょう。

| 本章のPOCKET | 国がめざす教育の方向性を理解する |

（曽山　和彦）

〈さらに学びたい人へ〉
・曽山和彦 ホームページ：「KAZU・和・POCKET」http://www.pat.hi-ho.ne.jp/soyama/index.htm

〈参考・引用文献〉
文部科学省（2021）．「令和の日本型学校教育」の構築を目指して～全ての子供たちの可能性を引き出す，個別最適な学びと，協働的な学びの実現～（答申）概要及び本文
　　https://www.mext.go.jp/ b_menu/shingi/chukyo/chukyo3/079/sonota/1412985_00002.htm（2023年2月8日閲覧）
文部科学省（2022）．特別支援学校教諭免許状コアカリキュラム

特別支援教育論

筆者は、大学で教職課程を履修する学生に対して、「特別支援教育論」（半期15回）の講義を行っています。以下、ある学生の声を紹介します。

「僕は中学校教師（専門：数学）をめざしているので、なぜ、特別支援教育の講義を必修で受けなければならないのか疑問だった。しかし、発達障害等に関する講義を受け、その疑問が解けた。この講義を受けず、特別支援教育について何も知らずに教壇に立っていたらと思うとゾッとする」。

いかがでしょうか？　皆さんのなかにも、この学生が最初に抱いた疑問を「自分も今、もっている」という方がいるかもしれません。今や、「知らないでは済まされず、すべての教師が学ぶ必要のある特別支援教育」の時代となっています。本章を通して、特別支援教育の概要について一緒に学びましょう。

第1節 | 特別支援教育とは

特別支援教育の前身は、特殊教育です。特殊教育の創始については、「学制百年史」（文部省. 1981）のなかで、「すでに江戸時代の寺子屋には、盲児、聾唖（ろうあ）児、肢（し）体不自由児、精薄児等の障害児がかなり在籍していたことが報告されている」と記されています。近代学校史を紐解くと、我が国の義務教育の起源は、1872（明治5）年の学制施行であることがわかります。しかし、特殊教育に関する規定整備は遅れ、盲・聾学校の義務制施行が1948（昭和23）年、養護学校の義務制施行が1979（昭和54）年ということもわかります。この、障害のある子どもたちに対し、「特別な場」（盲・聾・養護学校等）できめ細かな教育を行う特殊教育が、現在の特別支援教育に変わったのは2007（平成19）年です。2006（平成18）年、国連総会にて採択された「障害者の権利に関する条約」をはじめとする国際的な動き、文部科学省（2002）による「通常の学級に在籍する特別な教育的支援を必要とする児童生徒に関する全国実態調査」等を踏まえてのことです。

現在の特別支援教育は、「障害のある幼児児童生徒の自立や社会参加に向けた主体的な取組を支援するという視点に立ち、幼児児童生徒一人一人の教育的ニーズを把握し、その持てる力を高め、生活や学習上の困難を改善又は克服するため、適切な指導及び必要な支援を行うもの」と定められています（文部科学省，2007）。

　特別支援教育は、以前の「特殊教育」と何が違うのか。以下、主要点に絞り、整理します。

1．理念
　理念という言葉は、「物事がどうあるべきかについての根本的な考え方」（明鏡国語辞典）という意味があります。特殊教育の理念とは、障害の種類と程度に応じ、特別の場（盲・聾・養護学校、特殊学級、通級指導教室）において手厚くきめ細かな教育を行うというものです。一方、特別支援教育の理念は、すべての子どもをまずは一つの円の中に包んだ後、個々の教育的ニーズに応じて適切な指導や支援を行うというものです。

2．対象児童生徒（図1−1参照）
　特殊教育の対象児童生徒は、「従来の特殊教育諸学校（盲・聾・養護学校）、特殊学級、通級指導教室で学ぶ、7障害をそれぞれに有する子どもたち」でした。一方、特別支援教育の対象児童は、「従来の特殊教育対象の子どもたち、プラス、通常の学級に在籍し、知的遅れを伴わない発達障害の可能性のある子どもたち」です。すなわち、対象が広がったということです。
　なお、発達障害の各障害については、教育・医療面において呼称の違いがあります。本書では混乱を避けるため、「学習障害」「注意欠陥多動性障害」「自閉症スペクトラム障害」として記すものとします（発達障害の詳細については第3章を参照）。

3．特別支援教育コーディネーター
　特別支援教育開始に伴い、あらたに生まれた校務分掌（校内における運営上のさまざまな業務分担のこと）が「特別支援教育コーディネーター」です。特別支援教育コーディネーターは校内特別支援教育推進の要であり、「校内委員会開催」「個別の指導計画・支援計画作成」等に向け、さまざまな連絡・調整が求められます（校内体制づくりの詳細については第4章を参照）。筆者の研究では、最適な連絡・調整役は「教頭」であることが明らかになっています（曽山・武田，2006）。しかし、教頭は多くの業務を抱え、コーディネーターとしての役割までこなしきれないケースもあります。それゆえ、校内体制構築に向け、現実的・効果的な進め方は、コーディネーター＆教頭による「タッグ制」です。研究の詳細は、参考文献を参照し、ご覧ください。

　特別支援教育の担当者は、特別支援学校・特別支援学級・通級指導教室の教師だけではありません。小学校・中学校・高等学校の教師もまた特別支援教育を担当するのです。その意識を、すべての教師がもつよう、「新しい時代の特別支援教育の在り方に関する有識者会議報告」（文部科学省，2021）のなかで、「全ての教師が発達障害等の特性等を踏まえた学級経営・授業づくりを研鑽」

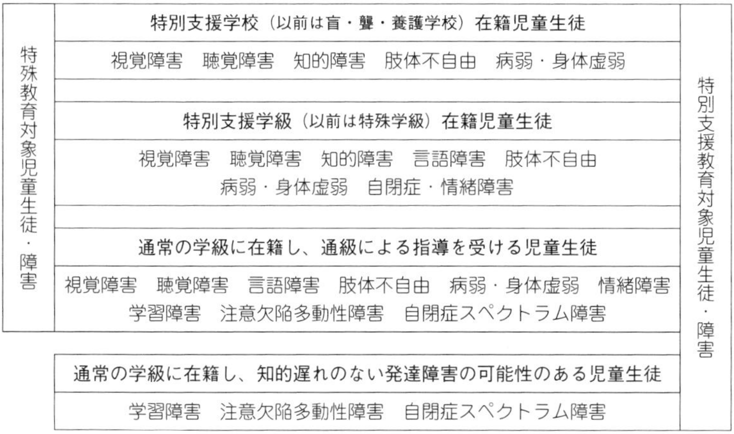

特別支援学校（以前は盲・聾・養護学校）在籍児童生徒

視覚障害　聴覚障害　知的障害　肢体不自由　病弱・身体虚弱

特別支援学級（以前は特殊学級）在籍児童生徒

視覚障害　聴覚障害　知的障害　言語障害　肢体不自由
病弱・身体虚弱　自閉症・情緒障害

通常の学級に在籍し、通級による指導を受ける児童生徒

視覚障害　聴覚障害　言語障害　肢体不自由　病弱・身体虚弱　情緒障害
学習障害　注意欠陥多動性障害　自閉症スペクトラム障害

通常の学級に在籍し、知的遅れのない発達障害の可能性のある児童生徒

学習障害　注意欠陥多動性障害　自閉症スペクトラム障害

（左）特殊教育対象児童生徒・障害　（右）特別支援教育対象児童生徒・障害

図1-1　特殊教育・特別支援教育対象児童生徒・障害
（文部科学省. 2019を参考に曽山作成）

と示されているのだと考えられます。また、小学校・中学校・高等学校の通常学級の担任であったとしても、異動・校内人事により、特別支援学校・特別支援学級・通級指導教室を担当する可能性もあります。さらに、校内体制づくりの要となる特別支援教育コーディネーターに関しては、ある程度の教職経験を重ねれば、誰もが校長より「指名」を受け、その任を務める可能性があります。だからこそ、今や、特別支援教育は「知らないでは済まされず、すべての教師が学ぶ必要がある」ということです。

第2節　インクルーシブ教育（Inclusive Education）とは

　インクルーシブとは「すべてを包んだ」という意であり、インクルーシブ教育とはすべての子どもを最初は通常教育に包み、そのなかで子ども一人ひとりの教育的ニーズに応じて必要なサポートを講じることを理念とする教育のことです。1994（平成6）年、ユネスコによる「スペシャルニーズ教育に関する世界会議」が、スペイン西部の都市、サラマンカで開催されました。その会議の最終報告書冒頭には、採択された「サラマンカ宣言」が掲載されています。そこには、「学校は、あらゆる教育的ニーズをもつ子どもをすべて包括するイン

クルーシブなものでなければならない」という趣旨の文言が記されています。しかし、この「すべて包括する」という言葉に強く焦点を当てると、「どんな障害があろうとすべての子どもを通常学級に包まねばならない。full（完全）インクルーシブにより、特別支援学校、特別支援学級等は廃止すべきである」という声が生まれかねません。そうした誤解が生じぬよう、以下、整理します。

1. 清水（2010）の知見
インクルーシブ教育がめざすのは、「障害児教育の解消ではなく、障害児を含む多様な子どもたちを可能な限り通常学級においてサポート付で教育することであり、そのために必要なカリキュラム改訂、補整、教授様式の改変を行うこと」。
2.「共生社会の形成に向けたインクルーシブ教育システム構築のための特別支援教育の推進」（中教審答申）（文部科学省, 2012）
「基本的な方向性としては、障害のある子どもと障害のない子どもが、できるだけ同じ場で共に学ぶことを目指すべきである」。
この知見、答申のなかの、「障害児教育の解消ではなく」「可能な限り」「できるだけ」という文言に留意することにより、インクルーシブ教育に対する誤解が生じることを抑えることができます。

　それでは、上記で示した、「障害の有無にかかわらず、すべての子どもが、できるだけ同じ場で共に学ぶことをめざす教育」であるインクルーシブ教育を推進するにはどうすればよいのでしょうか？　その基本的な方策として、次節で述べる「連続性のある多様な学びの場の充実・整備」があげられます。

■■ 第3節 ｜ 多様な学びの場とは

　障害のある子ども、あるいはその可能性のある子どもの学びの場としては、「特別支援学校」「特別支援学級」「通級指導教室」「通常の学級」の4つがあります。（図1-1参照）。この4つの学びの場における義務教育段階の全児童生徒数に占める在籍率は、「新しい時代の特別支援教育の在り方に関する有識者会議資料」（2021）によれば、特別支援学校0.7％、小学校・中学校の特別支援学級2.4％、通級指導教室1.1％と示されています。なお、数値はいずれも2017（平成29）年度のものです。また、2022（令和4）年12月に公表された「通常の学級に在籍する特別な教育的支援を必要とする児童生徒に関する調査結果」によれば、小学校・中学校の通常学級在籍者のうち、知的遅れのない発達障害の可能

性がある児童生徒の総数の占める割合は8.8%です。同調査は、今回、公立高等学校（全日制・定時制の1〜3年生）も対象とし、その結果、2.2%という数値が示されています。なお、本調査結果には次の留意事項が付記されていますので、読み込む際には注意が必要です。

1．学級担任等による回答に基づくもので、発達障害の専門家チームによる判断や医師による診断によるものではない。従って、本調査の結果は、発達障害のある児童生徒数の割合を示すものではなく、特別な教育的支援を必要とする児童生徒数の割合を示すものであること。

2．平成14年調査、平成24年調査と対象地域や一部質問項目等が異なるため、単純比較することはできないこと。

＊筆者加筆：小学校・中学校の通常学級在籍者のうち、知的遅れのない発達障害の可能性がある児童生徒の総数の占める割合は、2002（平成14）年6.3%、2012（平成24）年6.5%。

　調査数値からわかるように、4つの学びの場において、多様な特性のある子どもたちが在籍しています。文部科学省（2021）は、報告・答申のなかで、インクルーシブ教育推進に向けた「連続性のある多様な学びの場の一層の充実・整備」を示しています。「充実・整備」の例としては、高等学校における通級指導教室の運用開始があげられます。通級による指導とは「小・中・高等学校の通常学級に在籍する軽度の障害がある児童生徒に対して、各教科等の授業は通常学級で行いつつ、障害に応じた特別の指導を『通級指導教室』といった特別の場で行う特別支援教育の一形態であり、自校通級、他校通級がある」というものです。この指導は、小学校・中学校では、1993（平成5）年に始まり、2006（平成18）年には発達障害のある子ども（可能性も含む）も対象に加えて運用されてきています。高等学校では、2018（平成30）年度より新たに制度化され、今後の教室数の広がりが期待されているところです。

■■ 第4節　今後の課題

　「第1節　特別支援教育とは」「第2節　インクルーシブ教育とは」「第3節　多様な学びの場とは」の3項目について述べてきたこと、および、筆者自身の

これまでの実践・研究を通して気づき、感じたことから、今後の特別支援教育に関する課題を、以下、3つに絞って整理します。

■■ 1．教職履修学生の「特別支援教育に関する専門性」を いかに高めるか

　筆者が大学で教職課程を担当したのは2007（平成19）年からです。当時、履修科目に「特別支援教育」に関する必修科目はなかったため、担当科目である「学校教育相談」等のなかで、とくに知的な遅れを伴わない発達障害についての基礎的な理解等に触れるようにしていました。将来、通常学級担任として出会う可能性の高い、発達障害のある児童生徒について知識を伝えたいと思ったからです。その後、2019（平成31）年、教育職員免許法および同法施行規則改正を受け、「特別支援教育」科目が必修となったことは、その専門性を高めるための土壌整備がなされたことを示していると考えられます。以前より、大学の教員養成課程における講義は、科目担当者の研究的関心に偏る傾向があり、小学校・中学校・高等学校等の教師として必要な学修が不足しているのではないかという指摘がありました。その指摘に応える一つの方策として、全国の大学教職課程で共通的に修得すべき資質能力を明確化した「教職課程コアカリキュラム」の策定がなされたという経緯があります。特別支援教育に関しても、「教育の基礎的理解に関する科目」のなかの「特別の支援を必要とする幼児、児童及び生徒に対する理解」として、コアカリキュラムが定められています（巻頭資料を参照）。それゆえ、科目担当者は、小学校・中学校・高等学校等の教師をめざす教職課程履修学生の「特別支援教育に関する専門性」をいかに高めるか、という大きな責任と課題が課されているということになります。

■■ 2．現職教師の「特別支援教育に関する専門性」をいかに高めるか

　特別支援教育を担うのは、校種を問わず、すべての教師です。それゆえ、基礎免許状に加え、「特別支援学校教諭免許状」を有することが望ましいと考えられますが、現状においてその理想の実現は難しいことです。特別支援教育に関し、もっとも高い専門性が求められる特別支援学校の教師ですら、「特別支援学校教諭免許状」の保有率は79.8％（文部科学省, 2019）にとどまります。そ

の要因として、教育職員免許法に、「特別支援学校の教員は、幼稚園、小学校、中学校又は高等学校の教諭免許状の他、特別支援学校教諭免許状を有していなければならない」と定められてはいるものの、「法の規定にかかわらず、幼・小・中・高の教諭免許状を有する者は、『当分の間』特別支援学校の相当する部の教諭等となることができる」とする附則の存在が影響しているものと思われます。さらに、特別支援学級、通級教室を担当する教師については、特別支援学校教諭免許状を有すること等の法令上の規定がありません。こうした現状を鑑みれば、特別支援教育に関する基礎的な知識等を十分にもたず、さまざまな特性のある子どもたちを指導・支援している教師も少なからずいるであろうことが推測されます。このような現状の改善に向け、文部科学省の報告・答申のなかでは、「免許状取得に向けた免許法認定講習・免許法通信教育の活用」等の提言がなされています。しかし、その提言が奏功するには、「特別支援教育に関する専門性の大切さ」について、さまざまな機会を活用した、教師に対する意識づけが必要となります。もちろん、「特別支援学校教諭免許状の保有率向上」だけで特別支援教育に関する専門性が高まるわけではありません。校内外の研修等の機会を活用し、校内の同僚性を高めつつ、研究者、心理カウンセラー、医師、社会福祉士等の外部専門家も「チーム」に巻き込みながら、教師個々の専門性を高める方策の検討も課題と言えます。(機関連携の詳細については第12章を参照)

■■■ 3．障害の有無にかかわらず、子どもたち同士の 「かかわりの機会」をいかに用意するか

　筆者は、この課題の重要性について、ある学生の講義感想から示唆を得たことがあります。以下は感想の概要です。

　中3時の同級生A君は自閉症スペクトラム障害だったと思う。彼は勉強はよくできるのに何かにこだわったり、変に大人ぶった物言いをすることがあったり、僕たちの中では「変なやつ」という印象があった。その印象が変わったのは部活動（剣道）のかかわりだ。彼は、誰よりも監督の指示を守り、練習した。その結果、同学年の誰もが彼に敵わなくなった。その時以来、彼は僕の中で「変なやつ」から「凄いやつ」に変わった。部活動がなければ、きっと僕は彼を「変なやつ」と思い続けていただろう。さまざまな

> 機会にかかわることで偏った見方が消えていく。将来、僕自身の体験を活かし、かかわりあう場面をさまざまに用意し、相互理解が進む学級経営をしていきたい。

「さまざまな機会にかかわることで偏った見方が消えていく」。学生の、この言葉こそ、インクルーシブ教育推進のためのキーワードと言えるのではないでしょうか。

〈やってみよう! 演習〉

　皆さんが小学生・中学生・高校生の頃、学級の「気になる子」に先生方はどのように関わっていましたか? さまざまなかかわりがあったのではないでしょうか? 個人でふり返った後、ペアやグループで「気づき・感じたこと」を伝えあいましょう。

| 本章のPOCKET | 今やすべての教師に求められる特別支援教育の学び |

(曽山　和彦)

〈さらに学びたい人へ〉

・杉山登志郎（編著）(2005). アスペルガー症候群と高機能自閉症——青年期の社会性のために：よりよいソーシャルスキルが身につく　学習研究社
・曽山和彦 (2021).「気になる子」が通常学級に溶け込む! 10の理論・10の技法　ほんの森出版

〈参考・引用文献〉

曽山和彦・武田篤 (2006). 特別支援教育コーディネーターの指名と養成研修の在り方に関する検討　特殊教育学研究43（5）, 355-362.

清水貞夫 (2010). インクルーシブ・エデュケーション　インクルージョン　茂木俊彦（編）(pp.40-41)　特別支援教育大事典　旬報社

文部省 (1981). 学制百年史　第1編　近代教育制度の創始と拡充　第3章　教育制度の拡充（大正6年～昭和11年）　第7節　特殊教育

文部科学省 (2002). 通常の学級に在籍する特別な教育的支援を必要とする児童生徒に関する全国実態調査

文部科学省 (2007). 特別支援教育の推進について（通知）

文部科学省 (2012). 共生社会の形成に向けたインクルーシブ教育システム構築のための特別支援教育の推進（報告）

文部科学省 (2016). 高等学校における通級による指導の制度化及び充実方策について（報告）概要

文部科学省 (2019). 日本の特別支援教育の現状について

文部科学省 (2021). 新しい時代の特別支援教育の在り方に関する有識者会議報告

hapter …2

各障害種の理解と支援

特別支援学校・特別支援学級の概要および
具体的支援の実際

あなたは「特別支援学校」を訪れたことがありますか。

私たちがめざす「共生社会」とは、誰もが相互に人格と個性を尊重し、支えあい、人々の多様なあり方を相互に認めあえる全員参加型の社会です。この社会の実現のためには、まず、互いを知りあうことが大切です。

特別支援学校は「障害のある子どもがいる特別な学校」ではなく、**「特別な教育的支援が専門的に行われる学校」**です。その学校において、子どもがどのように自立に向けて懸命に学んでいるのかを体験的に知ること、つまり、心と身体で感じることが何よりも大切だと考えます。みなさんが特別支援学校を訪れてくれることを期待しています。

■■ 第1節 | 特別支援学校

■■ 1．特別支援学校とは

特別支援学校は学校教育法のなかで次のように規定されています（学校名の示し方は「障害のある子供の教育支援の手引～子供たち一人一人の教育的ニーズを踏まえた学びの充実に向けて～」の記載によります）。

【学校教育法第8章72条】

特別支援学校は、視覚障害者、聴覚障害者、知的障害者、肢体不自由者又は病弱者（身体虚弱者を含む。以下同じ。）に対して、幼稚園、小学校、中学校又は高等学校に準ずる教育を施すとともに、障害による学習上又は生活上の困難を克服し自立を図るために必要な知識技能を授けることを目的とする。

【特別支援学校の種類】

1　特別支援学校（視覚障害）　　2　特別支援学校（聴覚障害）

3　特別支援学校（知的障害）　　4　特別支援学校（肢体不自由）

5　特別支援学校（病弱）
　※　他に複数の障害種に対応する特別支援学校があります。

表2－1　特別支援学校の対象者（学校教育法施行令第22条の3）

区　分	障害の程度
視覚障害者	両眼の視力がおおむね0.3未満のもの又は視力以外の視機能障害が高度のもののうち、拡大鏡等の使用によっても通常の文字、図形等の視覚による認識が不可能又は著しく困難な程度のもの
聴覚障害者	両耳の聴力レベルがおおむね60デシベル以上のもののうち、補聴器等の使用によっても通常の話声を解することが不可能又は著しく困難な程度のもの
知的障害者	1　知的発達の遅滞があり、他人との意思疎通が困難で日常生活を営むのに頻繁に援助を必要とする程度のもの 2　知的発達の遅滞の程度が前号に掲げる程度に達しないもののうち、社会生活への適応が著しく困難なもの
肢体不自由者	1　肢体不自由の状態が補装具の使用によっても歩行、筆記等日常生活における基本的な動作が不可能又は困難な程度のもの 2　肢体不自由の状態が前号に掲げる程度に達しないもののうち、常時の医学的観察指導を必要とする程度のもの
病弱者	1　慢性の呼吸疾患、腎臓疾患及び神経疾患、悪性新生物その他の疾患の状態が継続して医療又は生活規制を必要とする程度のもの 2　身体虚弱の状態が継続して生活規制を必要とする程度のもの

　このように、特別支援学校は専門的な教育支援を行うために障害種ごとに設置されています。また、学校により幼稚部、小学部、中学部、高等部等が設置され、それぞれの発達段階に応じた支援が縦断的に行われています。なお、近年は障害の重度・重複化、多様化に対応するため、複数の障害種に対応する特別支援学校も増えています。
　特別支援学校が対象とする児童生徒の障害の程度は、学校教育法施行令第22条の3により表2－1のように規定されています。

■■■　2．特別支援学校の教育課程

　次に、特別支援学校の教育課程（図2－1）を見てみましょう。
　特別支援学校では、子どもの発達段階や実態に即した指導を進めるため特別な教育課程編成が行われます。幼稚園、小学校、中学校、高等学校に「準ずる

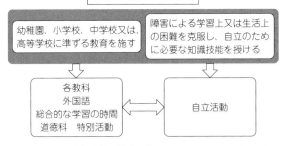

図2-1　特別支援学校の教育課程（埼玉県教育委員会　埼玉県特別
支援教育教育課程編成要領（1）特別支援学校編より岸田改変（2023））

教育」とともに、それぞれの障害による困難を克服し、自立に必要な知識技能
を授ける「自立活動」が設けられており、この大きな2つの柱により教育課程
が編成されています（※自立活動については、第6章「通級による指導、自立活動の理
解」を参照のこと）。なお、知的障害の児童生徒については、知的障害の特徴お
よび適応行動の困難さ等をふまえ、学校教育法施行規則において、知的障害の
ある児童生徒のための各教科等が規定されています。この各教科等は、小中学
校等のように学年ごとではなく、発達期における知的機能の障害をふまえ、各
教科等の目標や内容等を段階別に示しています。たとえば、小学部は1段階か
ら3段階までで構成されていますが、1段階では、知的障害の程度が比較的重
く、他人との意思の疎通に困難があり、日常生活を営むのにほぼ常時援助が必
要である者を対象とした内容を示しています。さらに、一人ひとりの障害の状
態等を考慮した弾力的な教育課程として、「小学校・中学校・高等学校の下学
年（下学部）の各教科を中心とした教育課程」「知的障害特別支援学校の各教科
を中心とした教育課程」「自立活動を中心とした教育課程」など、子どもの実
態を考慮した多様な教育課程を工夫して編成・実施しています。

■■ 3．各障害種に応じた特別支援学校

（1）特別支援学校（視覚障害）

特別支援学校（視覚障害）には、一般的に小学部、中学部および高等部が設

置され、一貫した教育が行われています。また、寄宿舎を設置している学校もあります。各教科および自立活動の指導にあたっては、子ども一人ひとりの実態等に即した個別の指導計画を作成し指導しています。なお、すべての特別支援学校では、個別の指導計画と個別の教育支援計画の作成が義務づけられています。自立活動では白杖（はくじょう）による一人歩行の指導、視覚や視覚補助具を活用する指導等が行われます。各教科の指導では、個に応じて検定教科書の他、点字教科書や拡大教科書（教科用特定図書）も使用されます。また、高等部を設置している学校では、普通教育を主とする普通科および専門教育を主として行う学科（職業教育のための保健理療科、理療科等）を設置し、自立と社会参加に必要な知識や技能の習得をめざした指導をしています。

（2）特別支援学校（聴覚障害）

特別支援学校（聴覚障害）には、一般的に小学部、中学部および高等部が設置され、一貫した教育が行われています。高等部には、普通科のほかに職業教育を主とする学科や専攻科が設けられていることもあります。指導においては、幼稚部、小学部では聴覚活用や言語発達に重点を置き、それ以降は自立と社会参加を見据えた言語指導や情報の活用（読書の習慣、コミュニケーションの態度・技能など）、障害の特性についての自己理解や心理的な諸問題に関するものへとしだいに移行した指導を行っています。施設設備の面では、聴覚活用のための機器（オージオメータ、補聴器特性検査装置、補聴援助機器等）や発音・発語指導のための鏡など、さらに、教科等の指導において、その理解を助けるための視聴覚機器（大型モニター等）が用意されています。

（3）特別支援学校（知的障害）

特別支援学校（知的障害）には、一般的に、小学部、中学部、高等部等が設けられています。高等部には、普通科のほかに職業教育を主とする学科が設けられていることもあります。知的障害のある子どもには、学習によって得た知識や技能が断片的になりやすく、実際の生活の場面のなかで生かすことが難しい傾向がみられます。そこで、教科別の指導のほかに、実際の生活場面に即しながら学ぶ「各教科等を合わせた指導（日常生活の指導、遊びの指導、生活単元学習、作業学習）」を取り入れ、日常生活や社会生活を送る上で必要な知識や技能等を身に付けるための継続的、段階的な指導が行われています。

（4）特別支援学校（肢体不自由）

特別支援学校（肢体不自由）には、一般的に小学部、中学部および高等部が設置され、一貫した教育が行われています。特別支援学校（肢体不自由）のなかには、学校が単独で設置されている形態のほか、医学的治療が必要な者を対象とした障害児入所支援（医療型障害児入所施設等）と併設または隣接している形態等があります。また、寄宿舎を設置している学校や、訪問教育を行っている学校もあります。各教科及び自立活動の指導においては、コンピュータや情報通信ネットワークなどの情報手段、視聴覚教材や教育機器などの教材・教具を効果的に活用し、個別指導やグループ指導を重視しています。また、日常生活における直接的な体験や社会生活経験が乏しくなる傾向にあることから、なるべく体験的な活動を多く取り入れるよう配慮しています。子ども一人ひとりの肢体不自由に伴う身体の動きやコミュニケーション等の障害の状態等に応じた指導とともに、知的障害などを併せ有している場合もあることから、一人ひとりの障害の状態等を考慮した多様な教育課程を編成しています。

（5）特別支援学校（病弱）

特別支援学校（病弱）には、一般的に小学部、中学部および高等部が設置され、一貫した教育が行われています。病気等により、継続して医療や生活上の管理が必要な子どもに対して、必要な配慮を行いながら教育を行っており、病院に隣接または併設されている学校が多くあります。また、学校と離れた病院においても、病院内に教室となる場所や職員室等を確保して、分校または分教室として設置したり、病院・施設、自宅への訪問教育を行ったりしています。小中学校又は高等学校に準じた各教科等の指導が行われますが、治療等で学習空白のある場合は、グループ学習や個別指導による授業を行ったり、病気との関係で長時間の学習が困難な子どもについては、学習時間を短くしたりするなどして柔軟に学習できるように配慮しています。

■■■ 第2節 ｜ 特別支援学級

■■■ 1．特別支援学級とは

特別支援学級は学校教育法第8章第81条第2項により以下のように規定され

ています（学級名の示し方は「障害のある子供の教育支援の手引～子供たち一人一人の教育的ニーズを踏まえた学びの充実に向けて～」の記載によります）。

【学校教育法第8章第81条第2項】

　幼稚園、小学校、中学校、義務教育学校、高等学校及び中等教育学校には、次の各号のいずれかに該当する児童及び生徒のために、特別支援学級を置くことができる。

　一　知的障害者　　二　肢体不自由者　　三　身体虚弱者

　四　弱視者　　　　五　難聴者

　六　その他障害のある者で、特別支援学級において教育を行うことが適当なもの

【特別支援学級の種類】

1　知的障害特別支援学級

2　肢体不自由特別支援学級　　3　病弱・身体虚弱特別支援学級

4　弱視特別支援学級　　　　　5　難聴特別支援学級

6　言語障害特別支援学級　　　7　自閉症・情緒障害特別支援学級

　なお、特別支援学級で学ぶ児童生徒の障害の種類および程度については、「障害のある児童生徒等に対する早期からの一貫した支援について（通知）」（25文科初第756号平成25年10月4日）により、表2-2のように規定されています。

■■■ 2．特別支援学級の教育課程

　小・中学校に設置されている特別支援学級の教育課程は、基本的には、小・中学校の学習指導要領に基づいて編成されます。そのなかで、とくに必要がある場合には、特別の教育課程を編成することができるとされています。子どもの障害の状態等を考慮の上、特別支援学校小学部・中学部学習指導要領を参考にし、小・中学校等と同様の各教科等に加えて、自立活動の領域を設定し、指導します。さらに、各教科を知的障害者である児童に対する教育を行う特別支援学校の各教科に替えるなど、実態に応じた教育課程を編成します。大切なことは、特別の教育課程の編成を行う場合も、学校教育法に定める小・中学校の目的および目標を達成するものでなければならない点です。

表2−2　特別支援学級対象者　25文科初第756号（平成25年10月4日）

障害の種類	障害の程度
知的障害者	知的発達の遅滞があり，他人との意思疎通に軽度の困難があり日常生活を営むのに一部援助が必要で，社会生活への適応が困難である程度のもの
肢体不自由者	補装具によっても歩行や筆記等日常生活における基本的な動作に軽度の困難がある程度のもの
病弱者及び身体虚弱者	一　慢性の呼吸器疾患その他疾患の状態が持続的又は間欠的に医療又は生活の管理を必要とする程度のもの 二　身体虚弱の状態が持続的に生活の管理を必要とする程度のもの
弱視者	拡大鏡等の使用によっても通常の文字，図形等の視覚による認識が困難な程度のもの
難聴者	補聴器等の使用によっても通常の話声を解することが困難な程度のもの
言語障害者	口蓋裂，構音器官のまひ等器質的又は機能的な構音障害のある者，吃音等話し言葉におけるリズムの障害のある者，話す，聞く等言語機能の基礎的事項に発達の遅れがある者，その他これに準じる者（これらの障害が主として他の障害に起因するものではない者に限る。）で，その程度が著しいもの
自閉症・情緒障害者	一　自閉症又はそれに類するもので，他人との意思疎通及び対人関係の形成が困難である程度のもの 二　主として心理的な要因による選択性かん黙等があるもので，社会生活への適応が困難である程度のもの

3．各障害種に応じた特別支援学級

（1）　知的障害特別支援学級

　知的障害特別支援学級は、日常生活において使用される言葉を活用しての会話や身近な日常生活動作にはほとんど支障がない子どもが対象となります。知的障害のある子どもたちは学習によって得た知識や技能が断片的になりやすく、実際の生活の場面のなかで生かすことが難しいという特性がみられます。そのため、特別支援学校（知的障害）の教育課程を参考にして、必要な知識や技能等を身につけられるよう継続的、段階的な指導を行っています。自立活動では、生活のリズムや生活習慣の形成に関わること、情緒の安定に関すること、他者との関わりや集団への参加の基礎、他者との円滑なコミュニケーションの方法等に関する指導等を行っています。

（2） 肢体不自由特別支援学級

　各教科等の指導にあたっては、子ども一人ひとりの障害の状態等を考慮し、教材・教具の開発・工夫を行ったり、個別指導やグループ指導といった授業形態を積極的に取り入れたりします。また、子ども一人ひとりの障害の状態や学習状況等に応じて、通常の学級の子どもと交流および共同学習を行い、教科学習を効果的に進めたり、社会性や集団への参加能力を高めたりするための指導をします。これはほかの障害種においても大切にしていることです。子どもが可能なかぎり、みずからの力で学校生活が送れるよう、廊下やトイレに手すりを取りつけたりトイレに近い教室にしたり、トイレのスペースを広くしたりするなどの施設・設備の整備や工夫をしています。自立活動では、健康状態、姿勢や運動・動作、保有する感覚の活用、コミュニケーション等の改善・克服を図る指導等をしています。

（3） 病弱・身体虚弱特別支援学級

　入院中の子どものために病院内に設置された学級や、小・中学校内に設置された学級があります。病院内の学級では、退院後に入院前の学校に戻ることが多いため、在籍していた学校と連携を図りながら各教科等の学習を進めています。入院や治療のために学習空白がある場合には、必要に応じて指導内容を精選して指導したり、身体活動や体験的な活動を伴う学習では、工夫された教材・教具などを用いて指導したりしています。自立活動では、健康状態の維持、回復・改善や体力の回復・向上を図るための指導等をしています。

（4） 弱視特別支援学級

　子どもが可能なかぎり、みずからの力で学校生活が送れるよう、眼疾患によってまぶしさを感じる場合などは遮光カーテンや調光できる照明を設置したり、一人ひとりに拡大読書器を配置したりするなどの施設・設備の整備や工夫をしています。自立活動では、視知覚や視機能の向上を図る学習や、地図やグラフ等の資料を効率的に読み取るための視覚補助具の活用方法を学習するなど、障害の状態等で生活上または学習上生じる困難さの改善・克服を図る指導をしています。

（5） 難聴特別支援学級

　聴覚活用のために、オージオメータや補聴援助機器を設置したり、発音・発

語指導のために鏡を設置したりするなどの設備の整備や工夫をしています。自立活動では、聴覚活用に関する指導や、音声（話し言葉）の受容（聞き取りおよび読話）と表出（話すこと）に関する指導を行っています。さらに必要に応じて、学習や生活で用いる語句・文・文章の意味理解などの言語概念の形成や活用に関する指導や、コミュニケーションを通じた人間関係の形成に関する指導、障害の特性の理解やそれに応じた環境の調整などに関する指導等を行います。

（6） 言語障害特別支援学級

構音の改善に関する指導を行うために鏡を設置したり、コミュニケーションや言語活動を促進するために、さまざまな教育機器を設置したりするなどの設備の整備や工夫を行っています。自立活動では、構音の改善に関する指導や、話し言葉の流暢性を改善する指導、言語機能の基礎的事項に関する指導などを行っています。また、話したり読んだりするなどの言語活動やコミュニケーションに対する自信や意欲を高める指導、カウンセリング等の指導も行います。

（7） 自閉症・情緒障害特別支援学級

自閉症やそれに類するもの、心理的な要因による選択性かん黙等がある児童生徒を対象としています。一斉指示を理解することに困難があったり、周囲の環境に対してストレスを感じてしまったりすることから、情緒的に不安定になってしまった際に、具体的な方法を通して落ち着きを取り戻すことができるよう、子ども一人ひとりの障害の状態等に応じた指導内容や指導方法の工夫を検討し、適切な指導を行っています。自立活動では、苦手な聴覚刺激の調整をみずから行うことで心理的な安定を図ることや話し言葉以外のコミュニケーション手段を有効に活用して他者との意思疎通を図ること等の指導をしています。

〈やってみよう！ 演習〉

あなたは小学校の通常の学級の担任をしています。その学校には知的障害特別支援学級が設置されています。通常の学級の児童と特別支援学級の児童が互いに理解しあい、仲間として育ちあっていくために、特別支援学級担任と連携しながら、どんな学習活動ができるでしょうか。具体的なアイデアを自由に出しあってみましょう。

本章のPOCKET	特別支援学校・特別支援学級とは障害のある子どもがいる特別な学校・学級ではなく、特別な教育的支援が専門的に行われる学校・学級

（岸田　優代）

〈さらに学びたい人へ〉

・独立行政法人　国立特別支援教育総合研究所（2020）．特別支援教育の基礎・基本2020

〈参考・引用文献〉

文部科学省（2018）．特別支援学校教育要領・学習指導要領解説 総則編（幼稚部・小学部・中学部）（平成30年3月）

文部科学省（2018）．特別支援学校教育要領・学習指導要領解説 自立活動編（幼稚部・小学部・中学部）（平成30年3月）

文部科学省（2018）．特別支援学校学習指導要領解説 各教科等編（小学部・中学部）（平成30年3月）

埼玉県教育委員会（2020）．埼玉県特別支援教育教育課程編成要領（1）特別支援学校編　（令和2年3月）

文部科学省初等中等局特別支援教育課（2021）．障害のある子供の教育支援の手引～子供たち一人一人の教育的ニーズを踏まえた学びの充実に向けて～　（令和3年6月）

「せんせ、おめめきれい」：特別支援学級で出会った子ども

　はじめて小学校の特別支援学級を受け持った時のことです。その学級に、私にとって忘れられない子どもとなるダウン症のAさんがいました。ダンスが大好きな笑顔のかわいらしい子どもでした。

　いつもは活発に動き回り、陽気なAさんなのですが、気に入らないことがあると、座り込んでしまい、絶対に動かなくなってしまいます。校内なら時間を空けてから迎えに行くこともできるのですが、困ったのは校外活動の時でした。どこでも構わずに座り込んでしまい、どんなに立つことを誘っても「いやだ」と言い、言うことをきいてくれません。道路の真ん中に大の字で寝転び大声を出して抵抗するAさん、その手を取り何とか立たせようとする私。恥ずかしさと苛立ちと情けなさとが入り混じり、当時まだ若かった私はいつも泣きそうになっていました。言うことをきいてくれないAさんを心のなかでちょっと疎ましく思い、Aさんが変わってくれる日が来るのだろうかと思案する日々が続きました。

　秋になり、生活単元学習「秋探し」が始まりました。みんなで拾ってきたドングリに心棒を差してかわいいどんぐりコマをたくさん作りました。そしてみんなで回して遊んでいた時のことでした。手指の巧緻性がまだ発達していないAさんは、何回頑張ってもうまくコマが回りません。でも、諦めずに口をとがらせて、おでこに汗を浮かべながら何回も何回も回し続けていました。私はそんなAさんの姿を心からかわいいなと思い、「頑張れ、頑張れ」と心のなかで呟きながら見つめていました。するとAさんが急に私の方を振り向き、にこにこしながら「せんせ、おめめきれい」と言ったのです。私は息が止まりそうになりました。Aさんを無理に立たせようとしたり手を取ったりしていた時の私は、どんな眼をしていたのだろう。意のままにならない子どもに対して、きっと怖い眼をしていたことと思います。Aさんは私の心の内のすべてを見抜いていました。私が心からこの子を「かわいい」と思ったときに、「先生、その瞳だよ」と教えてくれたのです。変わらなければいけなかったのは、私でした。それをAさんは教えてくれました。

　暖かな秋の日差しが差し込む教室のなかで、私は泣きました。声を上げて泣きました。なんで私が泣いているのかわからないまま、Aさんはまた、くるっと向き直り、コマを一生懸命に回し始めました。これが、私が特別支援教育を志すことになった忘れられない日の情景です。

（岸田　優代）

hapter ... 3

発達障害(LD、ADHD、ASD)
の理解と支援

事例に基づく具体支援の実際

「発達障害」という言葉を聞いたことがない人は少ないでしょう。言葉こそ知られていても、正しい理解が浸透しているとはいえません。発達障害を手がかかる状態や学習の成果や成長が期待できないものと思い込み、特別な場で学ぶ方がいいのではないかと考える人もいます。しかし、発達障害の可能性のある子どもは通常の学級に約8.8%（文部科学省, 2022）在籍しますし、支援によって成長します。また、多様な仲間と共生する学級づくりにもつながります。この章では、特別な教育的ニーズに気づき、特性に応じた支援力をつけ、個別最適化をめざす教科指導や多様性尊重の学級経営の実践を展望します。

■■ 第1節 ┃ 発達障害の理解

■■ 1. 総　　論

　「発達障害」と聞いて、どんなイメージが浮かびますか？　普段、接する人のなかに思い浮かぶ人はいますか？　自分にもあてはまる特徴がありますか？

　学校で支援したい子どもに気づいた教師が、その子のことを「発達障害かもしれない」と表現する場面に出会うことがあります。「発達障害」という言葉は、いくつかの障害を総称する言葉です。そこで「発達障害のなかのどのような障害と考えていますか？」と問うと十分な答えが返ってこないことも多いのです。

　発達障害という語は、日本では特殊教育から特別支援教育への転換が叫ばれるようになった2000年前後から耳にするようになりました。しかし、世界的に

は、「Developmental Disability」として、アメリカではすでに1963年に法律用語で使われ始め、現在まで意味を拡張、精選させてきています（稲垣, 2010）。

　日本では、発達障害者支援法（2005）に「自閉症、アスペルガー症候群その他の広汎性発達障害、学習障害、注意欠陥多動性障害その他これに類する脳機能の障害であってその症状が通常低年齢において発現するものとして政令で定めるもの」と定義されています。これは、法律用語としての定義です。

　医学分野では、診断の指標として「疾病及び関連保健問題の国際統計分類：ICD」（世界保健機構）と「精神障害の診断と統計マニュアル：DSM」（アメリカ精神医学会）の2つがありますが、DSM-5では「神経発達症群：Neurodevelopmental Disorder」という語を用い、さらに、知的能力症、コミュニケーション症、自閉スペクトラム症、注意欠如・多動症、限局性学習症、運動症（発達性協調運動症、チック症等）、その他の神経発達症と分類しています。これらに共通するのは、中枢神経系の機能不全が推定される点で、家庭環境や育て方、本人の努力不足などでは説明できない、生まれもっての特性なのです。

　それぞれの特徴は異なり、「発達障害」という総称のままでは、特定の対応を導き出せません。また、医学と法律の間にもとらえ方にギャップがあります。DSM-5にある知的能力症、コミュニケーション症、運動症は、法的な発達障害には含まれていません（表3-1）。それは、知的障害は、すでに知的障害者福祉法（1961）等の法も整い、支援の対象になっていたことと関連します。あらたに社会の理解を啓発し、支援のための制度設計が必要だったのは、知的な遅れのない自閉症、注意欠陥多動性障害、学習障害だったのです。

　2007（平成19）年から特別支援教育への転換に向けて、文部科学省は全国実態調査を行いました（2002）。第1回の全国調査

表3-1　法律用語と医学用語

発達障害者支援法	比較	DSM-5
		知的能力症
*1		コミュニケーション症
自閉症、アスペルガー症候群その他の広汎性発達障害	≒	自閉スペクトラム症
注意欠陥多動性障害	≒	注意欠如・多動症
学習障害	≒	限局性学習症
*2		運動症
その他これに類する脳機能の障害	≒	その他の神経発達症

＊施行令（H15）：1は言語障害、2協調運動障害が対象に
　通知（H17）：吃音も対象に

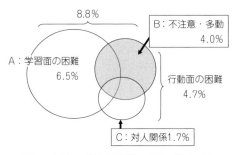

8.8%

B：不注意・多動
4.0%

A：学習面の困難
6.5%

行動面の困難
4.7%

C：対人関係1.7%

図3－1学習・行動面で著しい困難（小中学校）
（文部科学省（2022）を元に筆者作成）

で、学習・行動面で著しい困難がある児童生徒が約6.3％いることがわかりました。これまで3回の調査が行われ、最新の2022年版では、8.8％と報告されています（図3－1）。教師による回答ですので、障害名としてではなく、学習面の困難、行動面の困難（そのうち、不注意・多動と、対人関係）として結果が出されています。学校においても、障害名ではなく、3つの「特別な教育的ニーズ」として児童生徒の実態を把握する必要があります。

■■ 2．学習障害（LD）の理解

それでは3つの教育的ニーズを一つずつ見ていきましょう。まずは、学習面の困難、「学習障害（Learning Disability：LD）」です。文部省（1999）の定義は以下です。

> 基本的には全般的な知的発達に遅れはないが、聞く、話す、読む、書く、計算する、又は推論する能力のうち特定のものの習得と使用に著しい困難を示す様々な状態を指すものである。
> その原因として、中枢神経系に何らかの機能障害があると推定されるが、視覚障害、聴覚障害、知的障害、情緒障害などの障害や、環境的な要因が直接の原因となるものではない。

こう定義された後でも、LDは学業不振や低学力と混同されがちでした。そこで「障害のある子供の教育支援の手引」（2021）では「全般的に知的発達に遅れはないが、聞く、話す、読む、書く、計算する又は推論するといった学習に必要な基礎的な能力のうち、一つないし複数の特定の能力についてなかなか習得できなかったり、うまく発揮することができなかったりすることによって、学習上、様々な困難に直面している状態」（下線は筆者による）のように、よりわかりやすい説明が加えられています。

さらにその状態を観察可能な形で表現してみましょう。「教科や領域によって得意不得意に差がある」という状態も、「数学は学年で上位なのに、文学の読解は平均以下」とか、「発言は利発なのに、字は汚いし量も書けない」等になるとより具体的です。この得意不得意のギャップは、時に「嫌いなものは手を抜いている」、「好きなものだけ深掘りしてわがままだ」等と誤解されがちです。しかし、脳の機能も、たとえば言語情報を処理する部分と視覚情報を処理する部分が分かれている等が知られていますが、必ずしも平均的に発達するわけではないのです。

　そのため、一口に学習障害といっても、聞く、話す、読む、書く、計算する、推論するそれぞれの得意不得意の組み合わせで状態像は変わります。たどたどしく読んだり、意味がとれなかったりする読みの困難（医学では読字障害、ディスレクシア等）、字形が歪んだり、スムーズに書けない書きの困難（医学では、書字障害、ディスグラフィア等）、数処理や数概念の獲得に課題のある計算の困難（医学では、計算障害、ディスカリキュリア等）など、別々の様相を示します。その領域だけの困難であることから周囲に理解されにくく、努力し続けても成果につながらず、諦めたり自己評価を下げたりする子もいます。だからこそ、学びの個性として早期に教師が気づき、支援につなげたいものです。

■■■ 3．注意欠陥多動性障害（ADHD）の理解

　発達障害と聞いて、多くの人がイメージしやすいのが注意欠陥多動性障害（Attention Deficit Hyperactivity Disorder：ADHD）かもしれません。では、最初に文部科学省の定義を確認しましょう（2003）。

> 　年齢あるいは発達に不釣り合いな注意力、及び／又は衝動性、多動性を特徴とする行動の障害で、社会的な活動や学業の機能に支障をきたすものである。
> 　また、7歳以前に現れ、その状態が継続し、中枢神経系に何らかの要因による機能不全があると推定される。

　聞いているようでぼんやりしていたり、安易な間違いをしたり（不注意）、はたまた、席に座っていられず歩き回ったり、教室を飛び出したり（多動性）、出し抜けに発言したり（衝動性）という特性です。なかでもボーッとしているよ

うに見える不注意特性は、自覚の問題だとされがちでした。そこで「障害のある子供の教育支援の手引」(2021) では「身の回りの特定のものに意識を集中させる脳の働きである注意力に様々な問題があり、(中略)生活上、様々な困難に直面している」と説明を加えています。

■■■ 4. 自閉症スペクトラム障害 (ASD) の理解

自閉症というと、知的な遅れのある子を想像する人もいるかと思います。文部科学省 (2003) は「高機能自閉症」という語で以下のように定義しています。

> 3歳位までに現れ、1他人との社会的関係の形成の困難さ、2言葉の発達の遅れ、3興味や関心が狭く特定のものにこだわることを特徴とする行動の障害である自閉症のうち、知的発達の遅れを伴わないものをいう。
>
> また、中枢神経系に何らかの要因による機能不全があると推定される。

その後、医学の分野でも、高機能自閉症やアスペルガー症候群等と、違いを強調し下位分類で分けるよりも、上記の3つの特徴を有するスペクトラム (連続体) としてとらえる方向に軸足を移し、その条件も整理されました (表3-2)。

友だちがいることで「自閉」ではないと思う人もいますが、ポイントは友だ

表3-2　自閉スペクトラム症 (ASD：Autism Spectrum Disorder)

・以下のA、B、C、Dを満たしていること。
A：複数の状況で社会的コミュニケーションおよび対人的相互反応における持続的な欠陥がある。
（1）相互の対人的-情緒的関係の欠落
（2）対人的相互反応で非言語的コミュニケーション行動を用いることの欠陥
（3）人間関係を発展させ、維持し、それを理解することの欠陥
B：行動、興味、活動の限定された反復的な様式（以下、少なくても2つにより明らかになる）
（1）常同的または反復的な身体の運動、物の使用、会話
（2）同一性への固執、習慣への頑なこだわり、言語・非言語的な儀式的行動様式
（3）強度または対象において異常なほど、きわめて限定され執着する興味
（4）感覚刺激に対する過敏または鈍感さ、または環境の感覚的側面に対する並外れた興味
C：症状は発達早期に存在していなければならない。
D：症状は社会的、職業的、他の重要な領域における現在の機能に意味のある障害を引き起こしている。
E：知的能力障害、全般的発達遅延ではうまく説明されない。
（参照：DSM-5　精神疾患の診断・統計マニュアル　p.49より筆者が抜粋）

ちの有無ではなく、双方向の感情交流があり、関係を維持しようとしているか
です。言葉は巧みでも相手の表情や声のトーンから状況や気持ちを推測するの
は苦手で、もめごとになっても自己の主張に終始しがちな子はいませんか？ こ
れらは、想像力の弱さから生じます。また変化する状況に柔軟に対応するのが
苦手なため、慣れたもの、変化の少ないものにこだわりをもつ傾向もあります。
そのような特性を「行動面の困難：対人関係やこだわり」と表現します。

■■ 第2節 | 事例に基づく具体的支援

■■ 1．医学モデルから社会モデルへ

　支援は、社会モデルで考えることが重要です。これまで、障害は人に内在し、
その人がそれを克服・改善していくイメージでとらえられていました（医学モ
デル）。しかし、車椅子利用者の行く先に段差もなくエレベーターが設置され
ていて、手助けしてくれる人がいれば、活動は広がります。聴覚障害があって
も、話し言葉がデジタル機器で文字化されれば、意思疎通は可能です。このよ
うに社会や環境が変わることで、その困難は小さくなり、活動や参加の可能性
が広がるという考え方です（社会モデル）。この章ではこの考え方に立って対応
を考えていきます。

■■ 2．学習面の困難への支援

　困難の出所は、個々に異なります。多くの特性は脳機能が関与しているので、
弱点に注目するのではなく「強みを活かし、弱点をカバーする」方針で考えま
す。また、社会モデルでは、環境側の、カリキュラム改善やツール活用も重要
です。事例をあげますが、多様なタイプのうちの一つとして理解してください。

（1）読みにくさで苦労したAさん

　Aさんは、幼い頃から文字が歪んで見えるので、音読もたどたどしく、すご
く疲れるため、小学校時代は音読の宿題がとても嫌でした。でも、大人が本を
読み聞かせてくれるのはとても好きで、聞いていれば物語のあらすじも登場人
物の気持ちも味わえていました。算数も好きでしたが、文章題を読むのが負担
でした。先生は「計算ができるんだから、問題文をちゃんと読まないだけでし

ょう」と言って、Ａさんをあわて者呼ばわりします。

　努力でカバーし続けてきたＡさんですが、中学以降は読む量も増え、指名読みで音読のひどさが暴露され、つらさは増していきました。Ａさんは、耳から入る聴覚情報の処理は年齢平均以上ですが、文字などの視覚情報を音に変換するディコーディングに困難さを有し、苦戦を強いられるのです。

　では、このような読みの困難を有する人への支援を考えていきましょう。まず、教科書はデジタル教科書に変え、その他の教材も読み上げソフトやオーディオブック等を使います。デジタル機器がなくても、耳から情報が入れば考える力は高いので、教師の範読や級友の音読で理解に重点を置きます。読みやすいフォントを使い、読むべき箇所を特定するツールも役に立ちます。

（2）書きの困難があるＢさん

　Ｂさんは、読みに加え書くことにも苦労を要します。字が汚いと掲示物でも目立つので、いつも「もっと丁寧に書きなさい」と言われてきました。漢字テストも、全体の形は合っているのに、止めやはねで減点されていました。中学校に進学してからは、板書を写してノートを出すことが増え、肩こりも常態化し、頑張っても成績は下降気味でした。班日誌や委員会の記録など、友だちからも「読めない」と言われ、気が滅入ることもしばしばでした。

　中学３年になり、１人１台タブレットが使えるようになり、手書きでもキーボード入力でも選べるようになり、Ｂさんは音声入力ソフトを使い、負担は減りました。漢字学習も、書き取りだけではなく、形を口で言いながら覚える方法や、イラストで覚える方法など多様な学習方略があります。学習の個性化や学習者による自己調整が求められるようになったこともあり、Ｂさんは漢字アプリで学ぶことにしました。さらに、作文や調べ学習のまとめも音声入力でできるので、考えていることを可視化でき、周囲からの評価も上がってきました。

（3）計算の困難

　ここでは『算数の天才なのに計算ができない男の子のはなし』（エシャム，2013）の例を見てみましょう。もともと算数が得意だったＣさんは、教科担当が時間内で計算を競わせるようになってから、なぜか計算が苦手になっていきます。両親も心配していた矢先、担任から呼び出しがあり、「数概念の理解と機械的に九九を覚えたりする能力は別。著名な数学者にもＣさんと同じように

計算で苦戦する人はいる。彼の能力は素晴らしい。信じて励まして」と言われ、驚きました。

　もちろん計算だけでなく、数概念の理解も厳しい子もいます。だからこそ、その子が言葉の力が強いなら言葉で、イメージで理解しやすいならテープ図などで、経験から学ぶタイプであれば、数量を操作しながら学ぶ等、その子に合った学習方略で学ぶ環境を整えます。

■■■ 3．行動面の困難への支援：多動・衝動性と不注意
（1）不　注　意
　Dさんは、よくボーッとしてしまいます。勉強する自覚がないとか、たるんでいるとか言われた時期もありましたが、ようやく注意機能に課題があると理解されてきました。教師は、みなの視線を集めDさんとも目を合わせてから指示を出します。そして伝わったかどうかを、Dさんがうなずくのを見て確認します。また、雑音が気になる人のためにイヤマフが、気が散る人のために簡易型衝立が誰でも使えるように用意されています。立ったまま学べる机は眠くなりやすい人に人気です。Dさんもこれらの道具や環境を選ぶことで、集中しやすくなりました。

（2）多動・衝動性
　Eさんは、休み時間や体育の時間には活発に動き回り、声も大きく、エネルギーが有り余っているようです。教師は、教室に声のボリューム表を貼って、「今は隣の人に聞こえれば良い2の声で」とさりげなく促します。Eさんの椅子は前の足2本の間にテープが張られていて、Eさんはそこに足を置いて揺らすことができます。このように適度な動きは脳を活性化させるという研究もあるため、足下や体幹を動かす器具は誰もが使えるように教室に用意されています。

　また、授業ではゴールが明確で、学習活動ごとに短いスパンでフィードバックされます。これでEさんの集中力、または 集中できる時間が伸びました。

　さらに肯定的注目を使う効果も広く知られるようになってきたので、Eさんも不適切な行動を注意されるより、ふつうに行動できた時に褒めてもらえることが増えました。そして望ましい行動を増やしたいと思うようになりました。

Ｆさんは、電車やPCゲームなどは大好きです。しかし、よく「空気を読まない」とか、「常識がない」とか言われます。自分でも人と雑談するより、ゲームの攻略や勉強の方がおもしろいと感じます。教室で教師の冗談にみなが笑っている場面でも笑う理由がわからなかったり、正しいと思うことを主張しても「言い方が強すぎる」と否定されたりします。

そんなＦさんに対し、教師は、妥協せずにとことん調べる等、良いところを褒めてくれます。登場人物の気持ちを想像したりする文学や道徳は苦手ですが、説明文の読解は得意なので、論理的に読むアドバイスをくれます。

教師は、「人は誰でも弱さをかかえていて、それを相互に補いあっていくのが社会」「教室でも友だち同士で助けあえるよう、ピアサポートを大事にしている」と話してくれます。クラスで表情の読み取りをしたり、怒りへの対処法を学んだりもします。クラスでもめごとが起きると、教師は、それぞれに気持ちを尋ね、イラストの吹き出しに心の声を書いてくれます。時には、ロールプレイをして、その人の気持ちを想像するようガイドしてくれます。全員がチェックリストで身につけているソーシャルスキルを確認し、新たなスキルを使えるよう練習する場も作ってくれます。Ｆさんにとってクラスの居心地はよくなり、友だちと何かに取り組むのも悪くないと思うようになりました。

■■■ 第3節 インクルーシブ教育の理念を受けて

困難があっても、強みや特性を活かして伸ばす指導法も研究され、教材や参考書も豊かになってきました。通級による指導や専門機関など、より専門的な指導を受けられる場も整備されてきました。

それでもなお、もっとも多くの時間を過ごし、多くの仲間と関われるのは、通常の学級です。通常の学級で、社会モデルに適した形で学習や人間関係づくりが進められるようにしていく必要があります。「みなと同じ」方法で一斉指導をし、「みなと同じ」ように同質化を求める学級経営では、発達障害だけでなく、多様な教育的ニーズに対応しきれないことは明白です。今後、ますます多様性を前提にした自己調整学習や協同学習、それらを包含した学びのユニバ

ーサルデザイン（Universal Design for Learning：UDL）や、望ましい行動を学校全体で育てるPBIS（Positive Behavioral Intervation & Supports）などを基盤にしながら、育ちやすい環境を整えていくことが求められることでしょう。

〈やってみよう！ 演習〉
　自分自身の強みと弱みを表現してみましょう！（個人でワークシートに記入）いろいろな凸凹を知り、他者理解につなげたい人は、グループになって、経験交流をしましょう。強みで弱みをカバーする経験も共有できるといいですね。

| 本章のPOCKET | 多様なあり方を理解し、共生社会を実現するために、**発達障害理解は鍵となります！** |

（髙橋　あつ子）

〈さらに学びたい人へ〉
・本田秀夫（2022）．学校の中の発達障害　「多数派」「標準」「友達」に合わせられない子どもたち　SBクリエイティブ
・髙橋あつ子（2023）．連載「教師こそアセスメントの達人に」月刊『学校教育相談』2022.4月号〜2023.3月号　ほんの森出版

〈参考・引用文献〉

エシャム，バーバラ著，ゴードン，マイク・ゴードン，カール絵，品川裕香訳（2013）．算数の天才なのに計算ができない男の子のはなし──算数障害を知ってますか？──　岩崎書店
稲垣真澄（2010）．1．発達障害の最近の考え方と課題　小児科臨床, *61*（12），2337-2341
文部省　学習障害及びこれに類似する学習上の困難を有する児童生徒の指導方法に関する調査研究協力者会議（1999）．学習障害児に対する指導について（報告）
文部科学省（2003）．今後の特別支援教育の在り方について（最終報告）
文部科学省初等中等教育局特別支援教育課（2021）．障害のある子供の教育支援の手引〜子供たち一人一人の教育的ニーズを踏まえた学びの充実に向けて〜
文部科学省（2022）．通常の学級に在籍する発達障害の可能性のある特別な教育的支援を必要とする児童生徒に関する調査結果について
　　https://www.mext.go.jp/content/20230524-mext-tokubetu01-000026255_01.pdf

hapter 4

校内支援システムの構築

特別支援教育コーディネーターを中心に

　教職をめざす学生から次の質問を受けました。「小中学校の通常の学級には、特別な教育的支援を必要とする児童生徒が8.8％在籍する、という調査結果を知りました。35人学級であれば、クラスに3人ほどの割合になると思います。そうした状況でも担任一人で支援することになるのですか？」

　いかがですか？　みなさんのなかにも、同じことを感じた人がいるかもしれません。実際には担任が抱え込むのではなく、学校全体で支援のためのシステムづくりをし、特別支援教育コーディネーターが中心となってチーム学校で支援に取り組みます。この支援のシステムについて一緒に学びましょう。

第1節 | 校内支援体制の概要

1. チーム支援を具現化するためのシステムづくり

　小中学校の通常の学級には、多様な教育的支援を必要とする児童生徒が多数在籍します。実際に、小中学校の通常の学級に「学習面又は行動面で著しい困難を示す」とされた児童生徒数の割合が8.8％であるという調査結果が示されました（文部科学省, 2022）。さらに特別支援学級にも、特別な教育的支援を必要とする児童生徒が在籍します。このような多くの児童生徒への対応は、もはや一人ひとりの教師の尽力のみでは困難であり、チームアプローチが欠かせません。たとえば特別支援学級の担任など、特別な教師のみがひとりで対応するのではなく、管理職をはじめ学校全体で総合的に進めることが求められます（柘植, 2018）。特別支援教育においても、「チームとしての学校」（中央教育審議会, 2015）で体制を整備し支援を実施していくことが求められているのです。

　さらに言えば、校内のメンバーで力を合わせてチームとして支援を進めてい

くためには、なんらかのシステムが欠かせません。学校内で、まずは校内支援体制を整備し、各学校が実際に運用しやすい形へとシステムを構築していくことが必要なのです。

■■ 2．特別支援教育を行うための校内支援体制の整備

　特別支援教育がスタートした2007（平成19）年４月１日、文部科学省は「特別支援教育の推進について（通知）」において、特別支援教育実施の責任者としての「校長の責務」を掲げ、その上で「特別支援教育を行うための体制の整備及び必要な取組」として６つの項目をあげました。次に、その項目とそれぞれの内容を、ガイドライン（文部科学省，2017）に沿って紹介します。

① 　特別支援教育に関する校内委員会の設置：教育上特別の支援を必要とする児童生徒の実態把握や支援内容の検討を行うため、特別支援教育に関する委員会「校内委員会」を設置します。

② 　実態把握：各学校においては、在籍する児童等の実態の把握に努め、特別な支援を必要とする児童生徒の存在や状態を確かめます。

③ 　特別支援教育コーディネーターの指名：校長は、学校内の関係者および関係機関との連携調整を行うとともに保護者の連絡窓口となる特別支援教育のコーディネーターを指名し、校務分掌に位置づけて特別支援教育を推進します。

④ 　関係機関との連携を図った「個別の教育支援計画」の策定と活用：教育上特別の支援を必要とする児童生徒については、長期的な視点に立って幼児期から学校卒業後までの一貫した支援を行うことが重要です。家庭や医療・保健・福祉・労働等の関係機関と連携し、さまざまな側面からの取り組みを示した計画（個別の教育支援計画）を作成・活用しつつ、必要な支援を行います。

⑤ 　「個別の指導計画」の作成：教育上特別の支援を必要とする児童生徒の適切な指導および必要な支援にあたっては、個別の教育支援計画に記載された内容をふまえ、当該児童生徒に関わる教職員が協力して、学校生活や各教科等における指導の目標や内容、配慮事項を示した計画（個別の指導計画）を作成しつつ、必要な支援を行います。

⑥ 教員の専門性の向上：各学校は、校内での研修を実施したり、教職員を
　校外での研修に参加させたりすることにより、専門性の向上に努めます。

　その他、専門家・専門機関との連携の推進（専門家チームの活用、専門家による
巡回相談の実施など）、教員以外の専門スタッフ（特別支援教育支援員、スクールカウ
ンセラー、スクールソーシャルワーカーなど）の活用についても、体制の整備が進め
られています。

　以上のように、体制を整備し必要な取り組みを行っていきます。そのうえで、
これらの事項を複合的に組み合わせ、実際に機能する支援システムへと作り上
げていきます。

第2節　支援システムの構築と運用

1．支援の手順と支援システムの構想

　第2節では、支援システムの構築と運用について、より具体的な理解が進む
よう、A小学校（以後、A小と表記）の校内支援システムを例として参照しなが
ら解説します。この小学校は、特別支援学級3学級を含む15学級の中規模校で
す。通常の学級に、発達障害あるいは発達障害の疑われる子どもたちが多数在
籍し、特別支援教育校内委員会にかかる児童生徒は、全体の10%を超えていま
した。そこで特別支援教育コーディネーター（以後、コーディネーターと表記）が
中心となって、チーム学校で対象児への支援に取り組みました（堀部, 2018）。

　図4-1は、A小の校内支援システムの構造図です。左枠内の「Ⅰ『特別な
教育的支援を必要とする子ども』への校内支援システム」に、右側の「Ⅱ『子
どもの周りの支援者』への校内支援システム」を加えてシステムが構成されてい
ます。校内支援システムⅠは、対象児への支援をどのような手順で進めていくか
を示しています。校内支援システムⅡは、対象児への直接的な支援者となる保
護者や教職員に対して、どのように支援していくかを示しています。

2．Ⅰ「特別な教育的支援を必要とする子ども」への校内支援システム

　それでは、校内支援システムⅠの内容について解説します。担任は、子ども
の学習面・行動面の困難さや学校生活への適応のしにくさなどに気づいたら、

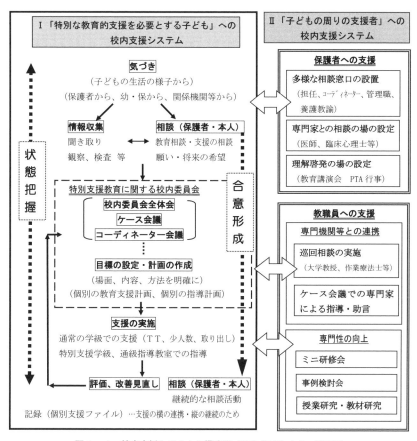

図4−1　校内支援システムの構造図 （堀部（2018）より一部改変）

コーディネーターに相談します。コーディネーターは、学校生活の様子、保護者や幼稚園・保育所等からの聞き取り、ノートやプリント、作品等から、その子どもについて多面的に情報収集をします。その後、観察、検査結果や保護者・本人との相談から対象児の状態を把握し、その上で校内委員会を開催します。

　校内委員会は、全教職員が参加する「校内委員会全体会」と、関係者が参加する「ケース会議」「コーディネーター会議」があり、前者は「共通理解」を、

後者は「支援方策検討」をねらいとしています（表4－1）。これらの校内委員会は、コーディネーターが企画し運営します。なお、コーディネーター会議は、A小が3名体制でのコーディネーターシステムをとっていたことから、コーディネーター間で支援方策を検討するために設置したA小独自の校内委員会です。

　3つの校内委員会のなかでも重要なのがケース会議です。対象児の状態把握に基づいた支援方策と、合意形成を図るための具体的な方法を話しあいます（詳細は、表4－1内の「ケース会議での検討事項」①～⑦を参照）。ケース会議では、どの場で学ぶことが本人の成長につながるか、という教育支援に関わる内容も協議します。しかしながら、これらの校内委員会を頻繁に開催すると、多忙化につながるおそれがあります。そこでコーディネーターが、これらの校内委員会を効率的に開催し、むやみに会議の回数を増やさないように運営上の工夫をします。たとえば、ケース会議1回開催につき複数児童生徒について協議する、ケース会議に備えてコーディネーターが事前の情報収集をしっかり行う、検討事項を明確化して効率的に協議を進めるなどです。

表4－1　特別支援教育に関する校内委員会の内容

○　校内委員会全体会…【共通理解のため】年間3回開催
参加：全教職員　[全体会での共有事項]　全対象児童の現状・支援内容・配慮事項
○　ケース会議…【支援方策検討のため】随時開催
参加：校長、教頭、教務主任、コーディネーター3名、養護教諭、担任、該当学年担任、スクールカウンセラー・支援員等の内外関係者
[ケース会議での検討事項]
①　現状を確認する（保護者との相談内容、行動観察、学習状況、家庭環境、成育歴　等）
②　具体的な支援方策を出しあう（いつ、誰が、何を、どこで、どのように）
③　検査の必要性があるかどうかを話しあう（どのような検査、何のため、いつ、どこで）
④　支援について保護者への説明をどうするか（いつ、誰が、何を、どのように、根拠）
⑤　支援について本人への説明をどうするか（いつ、誰が、何を、どのように、根拠）
⑥　学級内での説明をどうするか（いつ、誰が、どのように）
⑦　今後の方向性および支援方策を整理する（学習支援、通級による指導、特別支援学級）
○　コーディネーター会議…【支援方策検討のため】随時開催
参加：校長、教頭、教務主任、コーディネーター3名
[コーディネーター会議での検討事項]
学習支援や通級による指導の成果と課題・支援方策の再検討、新たな支援の対象者の洗い出し、校内校外連携のための打ち合わせ、支援システムの見直し

ケース会議での話しあいをもとに、支援目標を定め、必要に応じて個別の教育支援計画・個別の指導計画を作成し、それぞれが自分の分担した役割を果たすことで支援を実現します。また、ケース会議での話しあいで検査が必要と判断された場合には、保護者の同意のもとで発達検査等を実施します。検査はスクールカウンセラーあるいは検査に関する専門性を有する教師が担当します。保護者への結果説明は、スクールカウンセラー（あるいは検査者）、コーディネーター、担任が同席して行い、その場で保護者と支援の方法や方向性について相談をし、合意形成を図ります。

　では、校内委員会全体会の意義はどこにあるのでしょうか。校内委員会全体会は、チーム学校で支援を進めていくために必要不可欠な場です。学校に在籍する特別な教育的支援を必要とする子どもへの支援は、ややもすると該当の教師のみの対応になりがちです。そうならないように、校内全体で支援に関する情報を共有して、全員の意識を主体的なものへと変容させる必要があります。チーム学校で支援を実施するためには、校内委員会全体会での支援に関する共通理解と合意形成が欠かせません。

　このようなプロセスを経て対象児への支援が実施され、その後、「評価、改善見直し」と「相談（保護者・本人）」を行い、支援の効果を評価します。その結果によっては、PDCAサイクルをもって校内委員会の検討からくり返します。

■■■　3．Ⅱ「子どものまわりの支援者」への校内支援システム

　次に、校内支援システムⅡの内容について、保護者への支援、教職員への支援、の順に解説します。

　保護者が困っていること、不安に思っていることを聴くことが支援の第一歩です。保護者への校内支援システムとして、担任だけでなく、コーディネーターや管理職も随時相談依頼を受けられるよう、多様な相談窓口を設定しました。

　7月、12月の個人懇談会後には、コーディネーターや管理職が、保護者を対象に相談を実施します。それ以外にも、随時、複数の教師が保護者の相談にのれるようなシステムが作られていました。保護者の主訴が学級内のことであれば担任は必ず同席し、主訴が子の発達であればコーディネーターやスクールカウンセラーが同席します。入学前幼児の教育支援に関する相談であれば教頭と

教務主任とコーディネーター（必要であれば養護教諭）が相談を担当します。保護者相談では、「誰が相談を担当するか」が重要なポイントです。

　相談は、基本的に教師が行いますが、専門家を招聘して相談の場に同席してもらうこともあります。また、専門家や専門機関等を紹介して、保護者にその相談の場に行ってもらうこともあります。

　次に教職員への支援へと解説を進めます。子どもが学校生活のなかで一番長い時間をともに過ごすのは、担任の教師です。したがって担任は、子どもへの支援の実施者として、中心的な存在であるといえます。しかし、担任が対象の子どもばかりに目を向けると、学級内の他の子どもとの兼ねあいから、学級経営が難しくなる場合があります。だからこそ、担任以外の教職員による対象の子どもへの声掛けやフォローが欠かせません。これらのことから、直接的な支援者である担任をはじめ全教職員を支える校内支援システムが必要になるのです。

　具体的には、実際に支援を担う教師を支えるために、専門家を招聘して巡回相談を行います。専門家には、対象の子どもの観察、その子どもへの直接指導、ケース会議・事例検討会への参加と支援方策への助言、担任または教師集団（関係者集団、学年集団、全教師集団等）への指導助言、教師との相談等をお願いします。これらの巡回相談の実施に際しては、コーディネーターが時間や順番、内容を検討・提案して、効率的に行うよう努めます。

　その他、支援者としての力量向上を図るために、ミニ研修会、事例検討会、授業研究・教材研究を行います。ミニ研修会ではコーディネーターが講師となって、職員会議や打合せの後の短い時間を利用して、たとえば、「わかりやすい指示とは」「漢字の指導法」「良さを見つける視点」「支援の成功例」「保護者への説明の仕方」「個人懇談に向けての準備と配慮」等をテーマに研修しました。事例検討会では、支援方策を検討すること、参加者のアセスメントの力を高めることを目的に、対象となる子どもへの効果的な支援方法について話しあいました（図4－2）。これは、コーディネーターが企画し、教務主任

図4－2　事例検討会

と協力して運営します。授業研究・教材研究では、発達障害のある子どもや理解に時間のかかる子どもを抽出し、その子どもの学びをイメージしながら授業を構想し、実践・検討することで、よりわかりやすい授業のあり方や効果的な教材について追究します。

　このように、「子どもの周りの支援者」への支援システムにおいても、コーディネーターが重要な役割を果たします。

■■ 第3節　チーム支援の核となる特別支援教育コーディネーター

■■■ 1．特別支援教育コーディネーターの役割

　第2節では、A小の校内支援システムを例として参照しながら支援システムの構築と運用について解説しました。そのプロセスにおいて、コーディネーターが数多く関わっていることに気づいたと思います。それではここで、コーディネーターの役割を整理してみましょう。

　コーディネーターは、各学校の特別支援教育を推進するキーパーソンとして重要な役割を担っています。ガイドライン（文部科学省，2017）のコーディネーター用の頁には、表4-2のようにコーディネーターの役割があげられています。

　このように、コーディネーターの役割は多岐にわたります。校内および校外との連絡調整役としての役割のみならず、教師への指導・支援という役割が期待されており、この役割は今後ますます重要になっていくと考えられます（宮木，2016）。コーディネーターは、学校のチーム支援を具現化する、中核的な存

表4-2　特別支援教育コーディネーターの役割

1．学校内の関係者や関係機関との連絡調整
（1）学校内の関係者との連絡調整
（2）ケース会議の開催
（3）個別の教育支援計画及び個別の指導計画の作成
（4）外部の関係機関との連絡調整
（5）保護者に対する相談窓口
2．各学級担任への支援
（1）各学級担任からの相談状況の整理
（2）各学級担任とともに行う児童等理解と学校内での教育支援体制の検討
（3）進級時の相談・協力
3．巡回相談員や専門家チームとの連携
（1）巡回相談員との連携
（2）専門家チームとの連携
4．学校内の児童等の実態把握と情報収集の推進

在なのです。

■■ 2．特別支援教育コーディネーターに関する現状と課題

　それでは、どのような教師がコーディネーターになると、チーム支援を円滑に進めることができるようになるのでしょうか。ガイドライン（文部科学省，2017）の校長用の頁には、コーディネーター指名にあたっての配慮事項として、「特別支援教育について学ぶ意欲があり、学校全体、そして関係機関との連携・協力にも配慮ができ、必要な支援を行うために教職員の力を結集できる力量（コーディネートする力）を有する人材」をコーディネーターに指名するよう記されています。さらに、「各学校の実情に応じて、副校長、教頭、主幹教諭、指導教諭、教務主任、生徒指導主事等を指名する場合や特別支援学級担任や通級担当教員、養護教諭を指名する場合等、様々な場合が考えられます。その際には、たとえば、特別支援教育コーディネーターの役割を中心的に担う主幹教諭を置いたり、学級・教科担任をもたない教員を指名したりするなど、専ら特別支援教育コーディネーターの業務に従事できるような配慮を行うことが望まれます」とも記されています。たしかに担任のある教員にとって授業のある時間に、保護者や外部機関との連絡は難しいでしょう。担任を受けもっていない教員とチームで業務にあたるというのも効果的です。

　では、コーディネーターに関する状況はどのようになっているでしょうか。特別支援教育草創期のコーディネーターに特化した調査研究（柘植他，2007）では、幼・小・中・高等学校におけるコーディネーターの指名人数は、ほとんどが1校（園）1名であり、特別支援学級担任や通常学級担任との兼務が圧倒的に多いことが示されました。11年後の特別支援教育体制整備状況調査（文部科学省，2017）では、公立小学校のコーディネーターの指名は100％であるが、指名人数は1人（67.3%）・2人（21.4%）・3人以上（11.2%）であり、さらに「特別支援教育コーディネーターの役職（国公私立小学校計）」の項目では、特別支援学級担任（49.5%）・通常の学級担任（16.4%）・養護教諭（7.6%）・通級による指導担当（7.3%）・教頭・副校長（6.0%）という結果が示されました。

　校内の立場によるコーディネーターの意識の違いの調査（曽山・武田，2006）では、教頭は連絡・調整、担任・保護者のニーズ把握等について自己評価が高

く、特殊学級担当は知識・技法、個別プログラム策定について自己評価が高いなど、職務の違いによる自己評価の差が報告されました。宮木ら（2010）は、特別支援学級の担任は、障害児への教育の経験と知識があるという理由からコーディネーターに指名されるケースが多く、同時並行の業務に多忙感を感じていること、1名でコーディネーターを担当することに大変さを感じていることなどの、コーディネーターの現状と課題を指摘しています。

このような状況のもと、コーディネーターの多忙感や負担感、職務上の困難さを改善するために、コーディネーターの複数指名や専任化に関する検討がなされています。ただし実際問題として、学校現場においては専任を配置できる人的余裕はありません。前出のA小では、コーディネーター3名というトリプルコーディネーターシステムをとるなかで、役割を明確化したり業務を精選したりしながら、多忙化の改善と効果的な支援の実現をめざしました。コーディネーターの機能を強化するためにも、人材を育成するためにも、さらにコーディネーターの一人が異動になっても支援の質を維持できるという面においても、複数コーディネーターシステムは有効だと考えます。

ここまで、「校内支援システムの構築」をテーマに論を進めてきました。今いる学校のメンバーで力を合わせてチーム支援を実現するためには、支援システムが必要不可欠です。各学校が実際に運用しやすい形の支援システムを構築し、円滑に運用していくことが重要です。チーム支援の成否の鍵をにぎるのは特別支援教育コーディネーターであり、チーム学校のメンバー一人ひとりなのです。

〈やってみよう演習〉

発達障害が疑われるAさんがクラスに在籍しています。あなたは担任として、誰に相談しますか？ また、Aさんに対して校内でどのように支援を進めていくか、Aさんへの支援の手順を整理してみましょう。

| 本章のPOCKET | 校内支援システムがあってこそ実現できるチーム支援 |

（堀部　要子）

〈さらに学びたい人へ〉

・文部科学省（2017）．発達障害を含む障害のある幼児児童生徒に対する教育支援体制整備ガイドライン～発達障害等の可能性の段階から，教育的ニーズに気付き，支え，つなぐために～

・堀部要子（2021）．小学校におけるスクールワイドの取り出し学習支援――学習支援の効果と校内支援システムの検討―― LD研究，*30*（3），206-223.

〈参考・引用文献〉

堀部要子（2018）．校内支援システムの構築と合理的配慮の提供 特別支援教育研究，*735*，12-15.

宮木秀雄（2016）．小・中学校等の特別支援教育コーディネーターの役割 川合紀宗・若松昭彦・牟田口辰巳（編著）特別支援教育総論――インクルーシブ時代の理論と実践――（pp. 87-90） 北大路書房

宮木秀雄・柴田文雄・木舩憲幸（2010）．小・中学校の特別支援教育コーディネーターの悩みに関する調査研究――校内支援体制の構築に向けて―― 広島大学大学院教育学研究科附属特別支援教育実践センター研究紀要，*8*，41-46.

文部科学省（2007）．特別支援教育の推進について（通知）

文部科学省（2017）．発達障害を含む障害のある幼児児童生徒に対する教育支援体制整備ガイドライン～発達障害の可能性の段階から、教育的ニーズに気付き、支え、つなぐために～

文部科学省（2017）．平成29年度特別支援教育体制整備状況調査結果について

文部科学省（2022）．通常の学級に在籍する特別な教育的支援を必要とする児童生徒に関する調査結果について

曽山和彦・武田篤（2006）．特別支援教育コーディネーターの指名と養成研修の在り方に関する検討 特殊教育学研究，*43*（5），355-362.

柘植雅義・宇野宏幸・石橋由紀子（2007）．特別支援教育コーディネーター全国悉皆調査 特別支援教育コーディネーター研究，*2*，1-73.

柘植雅義（2018）．支援システムの構築と法的整備 柘植雅義・渡部匡隆・二宮信一・納富恵子（編）はじめての特別支援教育――教職を目指す大学生のために――（pp.39-75） 有斐閣

中央教育審議会（2015）．チームとしての学校の在り方と今後の改善方策について（答申）

個別の教育支援計画・個別の指導計画の作成

　小・中・高・特別支援学校の『学習指導要領』、幼稚園の『教育要領』、保育所の『保育指針』、幼保連携型認定こども園の『保育・教育要領』には、障害のある子に対して「個別の教育支援計画」と「個別の指導計画」の"作成が義務"づけられたり、"作成・活用に努める"ことが示されています。

　筆者が保育・教育現場に出向いた際に「個別の教育支援計画と個別の指導計画を見せてください。」と尋ねると、担任から「何を書いたら良いのかよくわからないので、まだ作成していません。」という答えが返ることがあります。この2つの計画は、障害のある子への支援・指導のために必要不可欠なものです。本章を通して、書き方をマスターしましょう。

第1節　個別の教育支援計画・個別の指導計画とは

1．作成の義務・努力義務

　個別の教育支援計画・個別の指導計画（以下、2つの計画）は、特別支援学校、特別支援学級、通級指導教室に在学している障害のある子に対して、『学習指導要領』において「作成すること。」「作成するものとする。」と示され、"作成が義務づけ"られています。また、幼稚園・保育所・幼保連携型認定こども園や小・中学校の通常の学級に在学している発達障害等があり配慮を要する子に対しても、『教育要領』『保育指針』『教育・保育要領』『学習指導要領』において"作成・活用に努める"ことと示されています。

　"障害のある子"とは、医療機関（病院等）で"診断"がある、または教育機関（就学支援委員会、特別支援教育専門家チーム等）で"判断"があることを意味します。

▪▪ 2．2つの計画の違い

「個別の教育支援計画」とは、学校の教育活動だけに限らず、障害のある子が生活する家庭、地域、余暇活動等をも含めて個々のライフステージのニーズに合わせて関係する機関（教育・医療・福祉・労働等）が具体的な支援の体制・内容・方法を計画化し活用していくものです。一方、「個別の指導計画」とは、教育課程上の教科等（国語、算数、音楽、体育、特別活動、生活単元学習、作業学習など）について、集団指導や個別指導のなかで、個に応じた指導の最適化を行うために担任が中心となって日々の授業のなかで指導目標・指導内容・指導方法を計画化し活用していくものです。

2つの計画の関係性については、幼児期から学校卒業後までの長期的な視点である個別の教育支援計画をふまえて、学校において短期的（学期、学年）視点である個別の指導計画が作成されることになります。そのため、障害のある子に対して、各年代で対応することになる関係者が長期的・短期的な視点で発達保障をしていくといった観点から、2つの計画には一貫性をもたせることが重要です。

なお、2つの計画に関連するものとして、自立活動の指導に特化した「自立活動の個別の指導計画」、高等部卒業後の円滑な就労支援を目的とした、学校から社会へスムーズに移行するための引き継ぎ書としての「個別の移行支援計画」があります。

■■ 第2節 | 障害の程度や学校・学級で異なる様式

▪▪ 1．2つの計画の様式

2つの計画の様式については、とくに規定されているわけではありません。そのため、各学校や園では、教育委員会や教育センター、特別支援学校等での様式モデルを参考に作成していることが多くあります。概観してみると基本的な内容・項目はおおよそ以下のように構成されています。

①プロフィール（氏名、生年月日、学校名、学年・学級、担任名、作成日、障害・疾患名、成育歴（教育歴）、実態や特性など）、②指導目標（長期〈1年〉、短期〈学期〉）、③指導内容・方法（指導期間、指導回数、指導者、合理的配慮指導項目、指導の手立て

表５−１　特別支援学級小学校用の「個別の教育支援計画と個別の指導計画」の様式例

■プロフィール（学年ごとに見直し）

学校名：東北市立日本海小学校

（よみがな） 氏　　名	（△△　　　△△） △△　　　△△		性別	男	生年月日	平成24年12月21日
住　　所	宮城県東北市仙台区中央１丁目１番１号			連絡先(TEL)		0123-45-6789
家族構成	父（△△△△）、母（△△△△）、妹（△△△△：小１年）、祖父、祖母、本人の６人家族					

障害の程度 及び 障害者手帳	診断名 障害名	・ダウン症候群（平成24年12月22日：東北市こども療育センター・△△△△Ｄｒ） ・知的障害（平成28年5月10日、東北市児童相談所）
	服　薬	・なし
	障害者手帳	・療育手帳Ｂ（平成28年5月30日→更新：令和3年5月30日、東北市児童相談所）
就学前まで の状況 及び 支援内容	成育歴	○発達 ・体重（3,350ｇ）・発語（2歳7ヶ月）・始歩（2歳1ヶ月）・排泄自立（6歳） ○健診 　・1歳半健診の時、ダウン症の経過観察を指摘された。 　・3歳児健診の時、ダウン症と知的障害の経過観察を指摘された。
	医療／療育	・言語療法（平成26年4月〜平成28年3月、東北市こども療育センター） ・作業療法（平成28年4月〜平成31年3月、東北市こども療育センター）
	保　育	・児童相談所の言語訓練（平成26年4月〜平成29年3月） ・東北市立なかよし保育園（平成28年4月〜平成31年3月）、補助の先生が個別対応。
	通院／病気	・心室中隔欠損症の手術（平成25年11月） ・年1回心臓のエコー検査を受け経過観察（平成24年12月〜平成31年3月）
在学に関わ る実態 （現在まで 　　　　　）	諸検査	・就学時知能検査　IQ＝61 ・KABC-Ⅱ（令和1年7月2日、東北市教育委員会専門家チーム：△△△△公認心理師） 　　認知63（継次58、同時68、計画69、学習57）、習得62（語彙67、読み68、書き57、算数59）
	身辺処理	・排尿と排便は、自分でできる。 ・食事は、箸を使って食べることができる。 ・身の回りのことは、自立できる。 ・指先の細かい動作が苦手である（ひも結び、リコーダー等）。
	学習／認知	・国語：2年生の教科書での読み取り、1年生までの漢字を習得している。 ・算数：20までのたし算とひき算、100までの数の概念を習得している。 ・交流学習は、「音楽」「図工」「体育」「道徳」である。
	行　動	・明るく元気にあいさつができ、積極的に関わりを持とうとする。 ・多少こだわりがあり、融通が利かない面がある。 ・低筋力なので、素早い動きが苦手である。
	言語／対人	・早口で話すと不明瞭な言葉がある。 ・友達との自然な対話が成り立つ。・人懐こい性格である。
	健康／運動	・暑さ寒さに弱い。疲れが出るとぐったりする。遠視の眼鏡を使用。 ・運動に難あり（長距離走、激しい運動など）。 ・低緊張のため、咀嚼が弱い（がんもどき等のモサモサした食べ物が苦手）。
	家庭生活	・両親を中心に、家族がしっかりサポートしている。 ・地域の行事にも積極的に参加している。
	趣味趣向	・好きな遊びは、ボール、遊具遊び、パズル、絵本などである。 ・好きな食べ物は、果物類である。嫌いな食べ物は、酸っぱいものである。 ・好きな遊びは、音楽が大好きで、リズムに乗りやすい。
	その他	・左利き
就学・在学 における 関係機関の 判断及び 支援体制	教　育 (学校/校内委員会)	○校内委員会 　・小学校特別支援学級（知的障害）の入学入級（平成31年4月1日） 　・支援員の配置（平成31年4月8日） 　・個別の教育支援計画＆個別の指導計画の作成（令和1年5月10日）
	医　療	○東北市こども療育センター（△△△△Dr.） 　・就学助言「特別支援学級（知的障害）」が適当（平成30年6月） 　・心臓のエコー及び眼科の定期健診（異常なし）（平成31年4月〜現在）
	家　庭	○保護者 　・小学校見学（平成29年10月、平成30年5月） 　・就学希望「通常の学級」（平成30年6月）→「特別支援学級」の承諾（平成30年10月）
	福　祉	○東北市役所健康福祉課 　・療育手帳Ｂの取得（平成28年5月30日） 　・準要保護家庭の認定（平成31年4月1日）
	労　働	
	教育委員会 専門家チーム	○東北市就学支援委員会 　・就学判断「特別支援学級が適当」と判断（平成30年9月） ○東北市教育委員会 　・就学支援「支援員の必要」と判断（平成31年3月）
特記事項	なし	

■個別の教育支援計画（学年ごとに見直し）

氏　名	△△　△△　（△△　△△）	性別	男	生年月日	平成24年12月21日

| 総合所見
及び
長期的な
支援方針 | ・学習意欲を高め、本人の実態に合わせスモールステップで指導を行う。
　国語科と算数科では、卒業までに3年生程度の学習内容を身につける。
・自分の思いや考えを伝えながら、コミュニケーションが図ることができるようにする。
・めあてを持たせながら、心臓の負担にならない程度の運動に取り組ませる。
・生活面での自立に向け、体験的活動を増やしていく。
・社会の約束やルールを理解し、集団の中で活動ができるようにする。（SSTの活用）
・全校生や他校の友達との交流を深め、友達関係を広げていく。 | | | | |

長期目標 （卒業時）	学校の ねがい	学習面：3年生程度の基本的な学習内容を身につける。 　　　　　日常生活に関する知識を身につけ、生活の中で活用できる。 生活面：身の回りのことや自分のことが、支援なしで一人でできる。 　　　　　周りの人と関わりを持ちながら、集団の中で生活できる。
	保護者の ねがい	学習面：基本的な学習を身につけることができる。 　　　　　運動に親しみ、積極的に体を動かすことができる。 生活面：時間を意識して生活や行動ができる。バス等公共機関が利用できる。 　　　　　相手の気持ちを考え、友達と一緒に過ごすことができる。

支援期間	・小学校前期：平成31年4月～令和3年3月（1年生～3年生）、3年生修了後に見直し。 ・小学校後期：令和3年4月～令和7年3月（4年生～6年生）

合理的配慮	・心臓病疾患があるので、体育での強度運動を避ける。 ・通常の学級での授業（書字困難のためデジカメ使用、弱視のため座席を一番前にする）

関係機関と の連携	関係機関	時　期	関係者の役割と具体的な支援内容
	教育 (学校/教育委員会)	・毎日 ・適宜 ・随時	○担任（△△△△教諭→△△△△教諭） ・個別最適になるように、教材教具を活用しながら支援をする。 ・個別の指導計画を確認し、目標・内容・方法・評価について改善したり見直す。 ○交流学習の担任（5年生：△△△△教諭） ・共同学習がしやすいように座席の配置を工夫する。 ○養護教諭（△△△△養護教諭） ・体調管理や健康について、経過観察する。
	家　庭	・年3回 ・毎年10月	○母親（△△△△） ・学期ごとに授業参観をして、本人の様子を観察する。 ・毎年、在籍について学校や教育委員会と話し合う。
	医　療	・年1回 ・適宜	○東北市立こども療育センター（△△△△Dr.) ・心臓のエコーの定期検査、眼科の定期検査を実施する。 ・ダウン症の特性と生活規制についてアドバイスする。
	福　祉	・5年毎 ・適宜 ・年1回	○児童相談所（△△△△所長） ・療育手帳の交付をする。 ○東北市役所健康福祉課（△△△△福祉課長） ・療育手帳の更新手続きの支援 ・準要保護家庭の認定手続きの支援
	労　働		
	教育委員会 専門家チーム	・年1回 ・毎年10月 ・4～6年生	○東北市教育委員会特別支援教育専門家チーム（△△△△東北市大教授、△△△指導主事） ・個別の教育支援計画、個別の指導計画の評価をしていく。 ○東北市教育委員会就学指導委員会（△△△△指導課長） ・知的障害特別支援学級の在籍について継続判断する。 ○東北市教育委員会教育相談員（△△△△公認心理師） ・諸検査(Vineland-Ⅱ、S-M社会生活能力検査、KABC-Ⅱ)を実施する。

作　成　日	学年・学級	種　別	担任名（印）	管理職（印）	保護者（印）
令和1年5月10日	1年特別支援	知的障害	△△△△　（印）	△△△△　（印）	△△△△　（印）
令和2年4月21日	2年特別支援	知的障害	△△△△　（印）	△△△△　（印）	△△△△　（印）
令和3年4月15日	3年特別支援	知的障害	△△△△　（印）	△△△△　（印）	△△△△　（印）
令和4年4月11日	4年特別支援	知的障害	△△△△　（印）	△△△△　（印）	△△△△　（印）
令和5年4月12日	5年特別支援	知的障害	△△△△　（印）	△△△△　（印）	△△△△　（印）

■個別の指導計画（学年ごとに毎年作成）

記入日：1学期（令和5年7月20日）、2学期（令和5年12月23日）、3学期（令和6年3月21日）

氏名	△△　△△		学年学級	5年特別支援学級（知的障害）	担任	△△　△△

教科	単元・領域等	目標（年間・学期）	担当	支援方法	評価（学期ごと）
国語	○話す・聞く	・テーマを決めて、自分が伝えたいことを相手にはっきり話すことができる。 ＜1学期～3学期＞ （相手が理解できる程度） ・大事なことや友達の発表の内容について聞くことができる。 ＜1学期～3学期＞ （2～3のキーワードを書いたり、聞き取る）	担任	・話す場面では、伝えたい内容について、キーワードでまとめさせ、それを使いながら話すようにさせる。 ・聞く場面では、大事と思う内容を聞き逃さないために、キーワードを書かせる。	＜1学期＞ ・テーマに沿って話ができるよう練習中です。 ・聞き方が上手になり、大事なことを幾つか聞き取ることができました。 ＜2学期＞ ・ノートへのまとめ方を知り、1～2つのキーワードを聞いたり、書くことができました。 ・キーワードを使いながら、相手に話せるようになってきました。 ＜3学期＞ ・2学期同様、1～2つのキーワードを使って相手に話すことができました。 ・相手の話について、大事だと思う内容をキーワードにまとめました。 △目標達成不十分→来年度継続
	○読む	・場面の様子を一定のスピードで読み、内容を読み取ることができる。 ＜1学期＞ 物語文「やいとかげ」 （3分以内、テスト80点以上） ＜2学期＞ 物語文「一つの花」 説明文「花を見つける手がかり」 （3分以内、テスト80点以上） ＜3学期＞ 暗唱詩「音読詩集」 （2分以内、テスト80点以上）	担任	・句読点まで一息で読むように練習させる。 ・読めない漢字がある場合には、読み仮名を付けて読ませる。 ・読むスピードが速くなるように「眼球運動トレーニング」を行うようにする。	＜1学期＞ ・一定のスピードで読み、物語の内容を読み取ることができました。 （読み：2分35秒、テスト85点） →◎目標達成 ＜2学期＞ ・一定のスピードで読み、物語の内容を読み取ることができました。 （読み：2分40秒、テスト82点） →◎目標達成 ＜3学期＞ ・一定のスピードで読みましたが、暗唱が言えない箇所がありました。 （読み：2分オーバー、テスト75点） →×目標達成せず、次年度へ
	○書く	・体験したことをテーマにして、接続詞や感嘆詞などを使いながら文を書くことができる。 （1学期：200字程度） 接続詞と感嘆詞は計3以上 （2学期：250字程度） 接続詞と感嘆詞は計4以上 （3学期：300字以上） 接続詞と感嘆詞は計6以上	担任 担任	・書きたいテーマを幾つかあげきせて、その中から自己選択させる。 ・体験した内容をビデオや写真で振り返えさせる。 ・全体の流れが分かるように、黒板に時系列ごとに出来事の写真カードを並べさせて大まかに捉えさせる。 ・出来事をつなぐための接続詞を考えさせる。 ・出来事について、感じたことを書きたいことをまとめてから書かせる。	＜1学期＞ ・「運動会」をテーマに、接続詞1つ、感嘆詞2つ入れて書くことができた。 （そして、また、楽しい） →3語、◎目標達成 ＜2学期＞ ・「宿泊学習」をテーマに、接続詞2つ、感嘆詞2つ入れて書くことができた。 （そして、また、楽しい、うれしい） →4語、◎目標達成 ＜3学期＞ ・「卒業生を送る」をテーマに、接続詞3つ、感嘆詞3つ入れて書くことができたが、同じ言葉を繰り返し使用した。 （そして、そして、また、楽しい、楽しい、うれしい） →×4語で不十分、次年度継続へ

	○漢字	・3年生の漢字を読み書きすることができる。 （月例テスト80点以上）	担任	・漢字ドリルを活用しながら読み方や使い方を反復練習させる。	＜1学期＞ ・毎日の練習を頑張ることができ、難しい字も覚えることができました。 （月例テスト平均85点）→◎目標達成 ＜2学期＞ ・1学期同様、毎日の練習の積み重ねができました。 （月例テスト平均88点）→◎目標達成 ＜3学期＞ ・年間を通して練習をよくやりました。 （月例テスト平均87点）→◎目標達成
	○書写	・画の長さや方向に気をつけて文字を書くことができる。 （1学期：「羊」） （2学期：「麦」） （3学期：「陽」）	教務主任	・始筆と終筆に注目させながら部分練習させる。 ・中心線を意識させる。	＜1学期＞ ・「羊」は、中心線を意識して書くことができました。 ＜2学期＞ ・「麦」の左右の払いを何度も練習して形になってきました。 ＜3学期＞ ・「陽」は、中心線がないので、左右を区別して書くことができました。
算数	【数と計算】 ○かけ算九九	・かけ算を使う場面を理解して九九を正しく唱えたり計算ができる。 （1学期：5の段まで） （2学期：7の段まで） （3学期：9の段まで） ＜テスト各90点以上＞	担任	・九九が理解しやすいように「語呂合わせカード」で使って、練習をし、定着させる。 ・同じ数ずつ×いくつ分を理解させる。	＜1学期＞ ・5の段まで正しく唱え、計算ができました。 （テスト平均95点）→◎目標達成 ＜2学期＞ ・7の段まで正しく答えることができたが、計算で間違えました。 （テスト平均80点）→△3学期に再度 ＜3学期＞ ・7の段から9の段まで正しく唱え、計算ができました。 （テスト平均90点）→◎目標達成
	○たし算の筆算	・2位数＋2位数のたし算の筆算ができる。 （1学期：繰り上がり無） （2学期：繰り上がり有） ＜テスト各80点以上＞	担任	・「筆算手順表」を活用しながら順序よく計算させる。 ・繰り上がりのたし算を計算カードで復習させる。	＜1学期＞ ・繰り上がりのないたし算は、できました。（テスト平均92点）→◎目標達成 ＜2学期＞ ・繰り上がりのあるたし算は、計算ミスがありました。 （テスト75点）→△3学期に再度
	○ひき算の筆算	・2位数－2位数のひき算 （2学期：繰り下がり無） （3学期：繰り下がり有） ＜テスト各80点以上＞	担任	・「筆算手順表」を活用しながら順序よく計算させる。 ・繰り下がりのひき算を計算カードで復習させる。	＜2学期＞ ・繰り下がりのないひき算は、できました。（テスト平均90点）→◎目標達成 ＜3学期＞ ・繰り下がりのあるひき算は、10の補数で間違うことが多くありました。 （テスト平均60点）→×次年度へ
	【量と測定】 ○長さ	・長さの単位（m、mm）を知って、ものさしやメジャーで長さを測定する	担任	・既習事項（cm）の復習を取り入れ比較しながら理解を促す。 ・身の回りで使う物や校庭の走る	＜1学期＞ ・mの単位を理解しメジャーの数字を読みながら測ることができました。 （テスト平均95点）→◎目標達成

		ことができる。 （1学期：mの測定） （2学期：mmの測定） ＜テスト各80点以上＞		距離を測定しながら長さを実感 させる。		＜2学期＞ ・cmの細かい長さを測ることはできま したが、mmの目盛りを間違うことが ありました。 （テスト平均65点）→×次年度へ
	【図形】 ○模様を作ろう	・三角形と四角形を使いな がらブロックを並べて、 模様を作ることができる。 （3学期：模様の完成）	担任	・三角形を組み合わせると四角形 になることに気づかせる。 ・完成の見本図を示しながら、イ メージをつかませる。		＜3学期＞ ・三角形を2枚組み合わせて四角形にし ながら、模様を完成させました。 （模様の完成）→◎目標達成
社会	略					
理科	略					
音楽	略					
図画 工作	略					
体育	略					
道徳	略					
外国 語	略					
特別 活動	略					
自立 活動	略					
日常 生活	略					
生活 単元	略					

■学校から

	担　　　　　任	保　護　者
1 学 期	5年生になり、大事なことをしっかりと覚える力や順序を追って考える力がついてきました。 学習内容に難しさが加わり、一度でできないことが多くなりましたが、何度も挑戦することや最 後までやり抜くことをがんばっています。生活面では、上学年として活動する場面が多くなり、 委員会活動などにはりきって取り組んでいます。また、元気のよい挨拶がみんなのお手本になっ ています。	略
2 学 期	略	略
3 学 期	略	略

■出欠の記録

	授業日数	停止・忌引	欠席日数	出席日数
1学期	6 6	0	0	6 6
2学期	8 9	0	2	8 7
3学期	5 7	0	1	5 6
年　間	2 1 2	0	3	2 0 9

など）、④指導結果（評価）、⑤引き継ぎ、⑥関係機関の担当者名および役割内容などです。

　障害のある子の実態や特性、各学校・学級の支援体制、関係諸機関の連携協力の必要性などにより、様式やそのなかに記載する内容も異なるといえます。そこで、表5－1には、特別支援学級に在籍しているダウン症児に対する計画例を示しました。プロフィールと個別の教育支援計画は、一度作成したら年度ごとに見直すようにし、個別の指導計画は、学年が進むごとに毎年担任が作成します。この個別の指導計画では、目標は年間（学期）、評価は学期ごとに記載しています。その他に、「単元」や「題材」ごとに目標と評価を記載する場合があります。

■■■ 2．計画の簡易な様式モデル

　幼児や通常の学級に在学（園）している障害のある子への計画については、作成率がまだまだ高くはありません。その要因には、様式に規定がないがゆえに複雑化・大量化していること、作成者の負担感などが指摘されています。そのため、簡易で書きやすい様式が求められます。

　そこで、表5－2には、小・中学校の通常の学級の様式例を示しました。簡易な様式は、Ａ4判1枚の用紙のなかに、上部に「個別の教育支援計画」、下部に「個別の指導計画」をまとめたものです。この様式は、支援体制についての関係機関の役割と具体的な内容、障害特性に応じた授業活動のなかでの指導目標・指導内容・指導方法・評価などを「必要最小限」に記載するのが特徴で、大・中規模校の通常の学級などで多くの障害のある子に対して作成しなければならない場合や計画の作成が不慣れで担任にとって負担となっている場合に、軽減を図る意味で利便性があるはずです。次年度に引き継ぐ場合には、個別の指導計画の箇所だけを見直していくことになります。

■■ 第3節 | 個別の教育支援計画・個別の指導計画の作成手順と実施・活用

　本来、2つの計画の作成は、その子どもに"障害がある"と診断や判断がさ

表 5 − 2　通常の学級用の「個別の教育支援計画と個別の指導計画」（記載内容）

■個別の教育支援計画（関係機関との連携：卒業まで）

| 氏　　名 | ○○　○○ | 性別 | ○ | 生年月日 | 平成○年○月○日 | 期間 | ・現在から卒業するまでの期間 |

診断名 判断名	・病院での診断名、または専門家チームや就学指導委員会の判断名（いつ、どこで、誰が） ・薬の名前、服用開始時期、服薬量
検　査 成　績	・個別検査（WISC-Ⅳ・Ⅴ、KABC-Ⅱ、田中ビネー等）、集団検査（RNT・CRT等）、学力テストの結果 （日付、検査者も記入）
合理的配慮	・保護者（本人）と学校（教育委員会）が支援体制や支援内容を取り決めたことを記入 ・物的環境整備（スロープ、エレベータ、自動ドア、エアコン、ICT機器、FM補聴器、iPad、災害避難など） ・人的環境整備（支援員、T-T、取り出し指導、通級指導、具体的な教材教具、支援具など） ・その他の配慮（薬の副作用、書字障害、宿題の量、テスト、座席の位置、授業参加度など）

長期目標 （　年3月） （卒業年度）	本人・保護者	・家庭訪問や授業参観時を利用して課題になっていることを聞き出す
	学　校	・卒業時までの理想的な姿は？　努力目標になっても可能 ・障害特性や困難性に視点を当てて焦点化する 　　LDは、（聞く、話す、読む、書く、計算、推論）　　ADHDは（多動、衝動、不注意） 　　自閉症タイプは、（コミュニケーション・対人関係、言葉、こだわり） 　　学習の遅れは（全教科、日常生活）

関係機関	時　期	関係者の役割と具体的な支援
学　校	・時期はいつか 例えば、 毎日 随時 適宜 朝の会 授業中 週に1回 学期に1回 年3回程度	・誰が、どのような支援をしていくのか？ ・学校関係者の役割 　（例えば、担任、教科担当、コーディネーター、養教、校長、学習支援員、SCなど） ・具体的な支援（体制、内容） 　（例えば、取り出し指導、学習支援員によるサポート、担任による○○の配慮、具体的な声 　かけ、ほめる、ペナルティ、行動療法の適用、放課後学習など）
家　庭		・関係者（父、母、兄弟姉妹、祖父母など）の役割 ・具体的な支援（例えば、授業参観、本人の様子の観察、関係者からのアドバイス内容など）
医　療		・関係者（通院、受診している医療機関名と主治医）の役割 ・具体的な支援（例えば、受診時のアドバイス内容、配慮事項、薬の効用・副作用など）
福　祉		・関係者（福祉事務所、福祉課、児童相談所など担当者）の役割 ・具体的な支援（例えば、生活支援内容、経済支援内容、療育手帳の申請など）
専門家チーム 教育委員会		・関係者（専門家チーム、教育相談員、SC、教育委員会、就学指導委員会など担当者）の役割 ・具体的な支援（例えば、在籍の判断、支援計画の作成・実施・評価、個別検査の実施、経過 　観察、授業参観など）

■個別の指導計画（教科等の学習活動：1年間ごと）

| 学年学級
氏名（性） | ○年○組
○○　○○（　） | 担任名 | ○○　○○ | 期　間 | 令和○年4月
〜令和○年3月 |

教科・領域等	目　標	指導者	指　導　方　法	評　価
【LD（学習障害）】 ・聞く、話す、読む、書く、計算 推論など、国語と算数に焦点化 【ADHD（注意欠如・多動性障害）】 ・多動、衝動性、不注意など生活 行動に焦点化、服薬 【ASD（自閉症スペクトラム障害）】 ・コミュニケーション、対人関係 言葉の遅れ、トラブル、こだわ りに焦点化 【知的障害、学習の遅れ】 ・主要教科、日常生活に焦点化 【視覚、聴覚、肢体不自由、病弱 の障害】 ・各障害特性応じて焦点化 【言語障害、場面緘黙傾向】 ・発音、構音、コミュニケーショ ン、対人関係に焦点化 【慢性病、精神疾患、てんかん】 ・生活行動規制、配慮事項、服薬 応急措置、家庭連携に焦点化 【不登校、不登校傾向】 ・登校日数、登校時間、学習内 　容、家庭生活、活動内容に焦 　点化	・学期や年度末の期間 内で達成できる目標 を具体的に書く。 ・数値的な評価を見据 えて書く。 例えば 　○○点以上 　○○/○○以上 ・文末の表現は、 　「〜できる。」 　「〜のようになる。」	担　任 担　当 校　長 教　頭 教　務 支援員 ボランティア など	・個別検査を受けている場 合には、アセスメント報 告書の文章を抜き出す。 ・本人の得意能力に視点を あてる。 ・賞賛なども取り入れる。 ・書き方は、 　「〜できない場合には、 　〜していく。」	・課題が通過したか否かを明確 にする。 ・数値的に評価できる場合は、 その数値を書く。 ・目標が達成した場合は、 　「◎達成した」 ・目標が達成しない場合は、 　「▲目標達成せず→次年度 　に引き継ぐ」

れ、校（園）内委員会で"対象児童生徒"として認定した後になりますが、一般的には年度当初に作成されることが多いようです。そして、2つの計画の作成や実施・活用において中心的役割を担うのは、個別の教育支援計画では関係機関との連絡調整役としての特別支援教育コーディネーターであり、個別の指導計画では日々の授業を行っている担任です。

　個別の教育支援計画の作成手順では、特別支援教育コーディネーターが関係機関の担当者を招集したり、担当者に連絡したりするなかで、長期間にわたる目標、支援者、具体的な支援者の役割分担を明確にするよう様式に記載します。一方、個別の指導計画では、新学期当初に担任（教科担当）が年間（学期）の教科等の指導目標、指導内容、指導方法、支援体制などを障害の特性や実態に応じてより具体的に様式に記載します。その後、作成した2つの計画の内容に基づき支援をしていき、その結果について評価します。

　2つの計画を活用していくためには、定期的に見直すなどして、「PDCA（Plan-Do-Check-Action）」をサイクルとして確立させていくことが重要です。各学校や園においては、1年間のサイクルのなかで、いつ、誰が、どのように計画を作成し、また、"対象児童生徒"の支援・指導がスムーズに行われるためにどんなことを関係者と連携・調整していくのか、どの段階で本人・保護者と実施内容を確認し、合意・同意していくのかなどを明確にすることです。さらに、2つの計画に基づいて十分な教育が受けられるための「合理的配慮」が提供できているかという観点も重要となります。

■■ 第4節 ｜ 作成のポイントおよび具体活用の実際

■■ 1. 様式に記載する基本的な内容・項目

　簡易な様式モデルでは、Ａ4判1枚だけなので、そのなかに記載すべき容量も制限されます。しかし、必要最小限の事項は、明確に記入しなければなりません。そこで、その記載すべき内容のポイントを表5-3にまとめました。このポイントに沿って様式モデルに書き込んでいくと容易に作成できるはずです。

表5－3　通常の学級用の「個別の教育支援計画と個別の指導計画」（ASD例）

■個別の教育支援計画（関係機関との連携：卒業まで）

学校名：中部市立駿河小学校

（よみがな） 氏　名	（△△　△△） △△　△△	性別	男	生年月日	令和5年7月2日	期間	令和5年4月 〜令和10年3月（5年間）
診断名 判断名	・自閉症スペクトラム障害（令和4年10月29日、中部市立病院、△△△△Dr.）、服薬：リスパダール（朝1mg） ・自閉症スペクトラム障害の疑い（令和4年9月28日、中部市教育委員会特別支援教育専門家チーム）						
検　査 成　績	・教研式（令和5年4月20日）：ISS45（国語49、算数54） ・KABC-Ⅱ（令和4年9月6日：△△△△公認心理師） 　認知101（継次100、同時98、計画101、学習104）、習得99（語彙98、読み100、書き95、算数110）						
合理的配慮	・パニックが激しくなったときには、別室に移して精神安定させる。（△△△△教務主任対応） ・感覚過敏で暑がりなので、エアコンの他に扇風機を教室内に設置する。						

長期目標 （令和10年3月） （卒業年度）	本人・保護者	・友達と積極的に関わってほしい。友達とのトラブルを少なくしてほしい。
	学　校	・友達の意見を聞き入れて、友達とのトラブルを少なくすることができる。 ・場面切り替えができ、行動がスムーズにできる。

関係機関	時　期	関係者の役割と具体的な支援
学　校	毎日 随時 1か月毎 学期に1回	○担任（△△△△） 　・離席を少なくするように、行動療法（賞罰）を使用して減少させていく。 ○特別支援教育コーディネーター（△△△△） 　・保護者の精神的なケアをしていく。 ○養護教諭（△△△△） 　・副作用の観点から体重測定し、減少している場合には主治医に連絡をする。 ○校長（△△△△） 　・全校児童の前で、本人を褒める。
家　庭	年3回 2か月毎	○母親（△△△△） 　・授業参観をして、本人の様子を観察する。 　・定期的に通院し、薬や対応の仕方についてアドバイスを受ける。
医　療	3か月毎 適宜	○中部市立病院（△△△△Dr.） 　・経過観察をしながら、薬量を調整していく。 　・保護者に家庭生活や本人がパニックになった時の対処の仕方をアドバイスする。
福　祉	年1回 適宜	○民生委員（△△△△） 　・虐待やトラブルの状態になっていないかを監視していく。 ○児童相談所（△△△△） 　・虐待等が疑われる場合には、緊急措置を施す。
教育委員会 専門家チーム	年2回程度 年2回程度 毎年10月 年1回	○中部市教育委員会特別支援教育専門家チーム（△△△△中部市立大教授、△△△△指導主事） 　・授業参観をして、行動の様子を観察していく。 　・個別の教育支援計画、個別の指導計画の評価をしていく。 ○中部市教育委員会就学支援委員会（△△△△委員長） 　・経過観察し、通常学級の在籍について判断をする。 ○中部市教育委員会教育相談員（△△△△公認心理師） 　・諸検査（WISC-Ⅴ、KABC-Ⅱ）を実施する。

■個別の指導計画（教科等の学習活動：1年間ごと）

学年学級 氏　名		2年1組　（通常の学級） △△　△△	担任名	△△　△△	期間	令和5年4月〜 令和6年3月（1年間）
教科・領域等		目　標	指導者	指　導　方　法		評　価

	教科・領域等	目　標	指導者	指　導　方　法	評　価
学校生活全般	○対人関係	・集団に自分から声がけして入ることができる。 （週に2回以上） ・相手の意見を素直に受け入れることができる。 （癇癪を起こさない）	担任	・個別指導などで、「声がけ」のSSTを行っていく。 ・本人の意見を振り返り、それが正常であるかを考えさせる。	・10月以降は、週1回に抑えられた。　→◎目標達成 ・1月以降、癇癪をおこすことがなくなった。 　→◎目標達成
	○コミュニケーション	・場の雰囲気を読み取り、場に即した話しができる。 （相手から指摘されない、週2回まで失敗可能） ・グループ学習で、回りの意見を聞きながら自分の意見を話すことができる。 （相手から指摘されない、週2回まで失敗可能）	担任	・自分から話ができない場合には、担任との間で、支援のブロックサインを取り決めておく。 ・自分の意見は、最初に話すことを心がけるようにアドバイスする。	・グループ学習では、正確に話しが伝わらないことがあった。 　（▲目標達成せず 　→次年度も継続） ・グループ学習では、友達から意見の違いを指摘されることが多かった。 　（▲目標達成せず 　→次年度も継続）
	○こだわり 切り替え	・指示されたときには、1回で切り替えることができる。	担任	・教師の話を聞き逃さないように「聞くトレーニング」を取り入れる。	・11月以降は、1回の指示でできるようになった。 　→◎目標達成

■■ 2．障害特性に関連して記載

　障害のある子は、その特性の困難性から課題を複数抱えていることがあります。しかし、個別の指導計画を作成する場合には、「最重要課題（指導目標）」を１～２つに絞り込むことが必要です。それには、障害特性に関連して記載することが重要です。たとえば、通常の学級の対象児童生徒であれば、学習障害（LD）の場合には「読み・書き・計算」など、注意欠陥多動性障害（ADHD）の場合には「多動性・衝動性・不注意」など、自閉症スペクトラム障害（ASD）の場合には「こだわり、社会性、対人関係、感覚過敏」などに特化して、指導目標や指導内容（教科・領域）を記載することです。

■■ 3．作成会議の場面

　個別の教育支援計画の作成では、教育・医療・福祉・労働などの関係者が集まって会議を開催して内容を決めていくことになります。しかし、それぞれの関係者が一同に集まる日時の日程調整は至難でしょう。そこで、欠席する関係者には、連絡調整役としての特別支援教育コーディネーターが事前に役割と具体的な支援内容を聞き出し、原案を提示する方法もあります。また、会議で決まった内容を欠席者に電話やメール、オンライン等で伝達し、同意・合意していくことでスムーズに作成できます。一方、個別の指導計画の作成では、担任等が中心となるので比較的容易に作成することができます。

■■ 4．本人参画による２つの計画作成

　これまで、２つの計画の作成や実施・活用、並びに評価においては、学校や担任等が一方的に行ってきたことが少なくありません。そのため、対象児童生徒本人や保護者がその内容を把握していなかったケースもありました。本来、２つの計画は、本人の困難性の改善・克服のためのものです。本人自身が把握しておかなければなりません。そこで、本人・保護者が２つの計画の作成に参画して、本人・保護者の意見（たとえば、目標の設定、指導内容や指導方法の確認、評価の項目や基準の確認など）が反映されるようにしたいものです。そうすることで、２つの計画の活用範囲も広がるでしょう。

■■■ 5．実際の活用

　2つの計画を作成しても、それを活用しなければ「絵にかいた餅」となってしまいます。2つの計画を書棚やパソコンのなかにしまっておくのではなく、常に目に触れるようにすることが重要です。それには、計画書を印刷して手元に置いておき、指導目標・指導内容・指導方法などを随時確認したり書き込めるようにしたりすることです。また、評価については、学期ごとや年間など、評価日を設定しておくこともよいでしょう。そのほか、外部評価として、専門家等が来校する際に2つの計画を提示して授業を見せながら、「目標を達成しているか否か」、「指導方法がうまくいっているか否か」を見極めてもらう方法もあります。

　なお、表5-1のように担任のコメントや出欠日数等を追加することで、"通知表"にも活用することができます。

■■■ 6．評価と引継ぎ

　2つの計画は、年度ごとに次の担任等に引き継ぐものです。しかし、目標や評価が明確でないと、次の担任にとっては、どのような指導目標・指導内容・指導方法などを設定したらよいか戸惑うこともあります。とくに、評価が具体的に記載されていないと「どこまでできて、どこからできないのか」の見当がつきません。たとえば、表5-3には、指導目標において「達成基準」として「○分、○回」などの数値目標が示されているので、具体的でわかりやすくなります。また、評価は、その数値目標にしたがって「できたか、できないか」を記載するので、「どこまでできて、どこからできないのか」が明確になります。

■■■ 7．ま　と　め

　2つの計画は、障害のある子への支援・指導のための"道しるべ"となる必要不可欠なものです。家屋でいえば、"設計図"ともいえるでしょう。"設計図"がしっかりしていないと、土台から崩れていくことにもなります。その書き方をマスターしていくことが求められています。

〈やってみよう！　演習〉
　個別の教育支援計画・個別の指導計画の様式は、障害の程度や学校・学級等により若干の差異がありますが、記載すべき内容・項目はほぼ同じです。ある障害のある子について、ペアで内容・項目を確認しながら様式を完成させてみましょう。

| 本章のPOCKET | 個別の教育支援計画・個別の指導計画は、障害のある子への支援・指導のための"道しるべ" |

（三浦　光哉）

〈さらに学びたい人へ〉
・三浦光哉編（2018）．特別支援学級担任のための学級経営サポートＱ＆Ａ　ジアース教育新社
・三浦光哉（2022）．これは使える！個別の教育支援計画＆個別の指導計画お勧めモデル．諸富祥彦編（2022）教師とSCのためのカウンセリングテクニック３　特別支援と愛着の問題に生かすカウンセリング，45-50，ぎょうせい

〈参考・引用文献〉
三浦光哉編（2020）．本人参画型の自立活動の個別の指導計画　ジアース教育新社
三浦光哉（2011）．個別の教育支援計画・個別の指導計画　相澤雅文・清水貞夫・二通徹・三浦光哉編　特別支援教育コーディネーター必携ハンドブック（pp.194-204）クリエイツかもがわ

hapter ···6

通級による指導、自立活動
の理解

通級指導教室および自立活動の概要、
事例に基づく具体指導の実際

筆者は、通級指導教室（以下、通級）を利用する児童生徒と向きあうなかで、「死ね！」「だまれ！」「来るな！」「クソババ！」「どうせ……」等の言葉を使う子どもに出会ってきました。しかし、子どもとふれあうなかで、自分の心を守ろうとしているのかもしれない……と思うようになり、子どものSOSのサインなのだと気がつきました。通級を利用する子は、何のために、通級へ通うのでしょうか？　どのような子が通うのでしょうか？　通級とは、何をする場所なのでしょうか？　通級・自立活動の内容を知ることで、通級を利用する子どもの気持ちを一緒に考えてみましょう。

第1節 │ 通級による指導

1．通級による指導とは

　1993（平成5）年度に法制化され、小学校、中学校、高等学校、または中等教育学校の通常の学級に在籍する比較的軽度の障害のある児童生徒に対し、その障害に応じて、特別の指導を行う教育形態です。

　1993（平成5）年度の通級利用者数は12,259人でしたが、2021（令和3）年度は183,879人と年々増加しています。2018（平成30）年度より、高等学校または中等教育学校の後期課程においても、通級による指導が導入されました（図6－1）。

　通級形態には、児童生徒が、自校の通級指導教室に通う「自校通級」、他校に設置された通級指導教室に通う「他校通級」、教師が対象児童生徒の学校を訪問して指導を行う「巡回通級」があります。指導形態としては、個別指導を

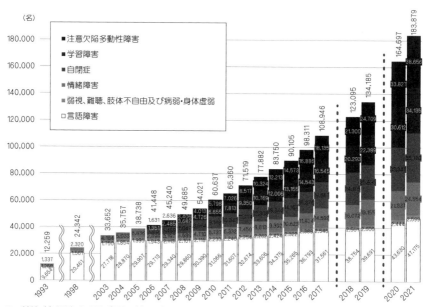

※ 2020（令和2）年度及び2021（令和3）年度の数値は、3月31日を基準とし、通年で通級による指導を実施した児童生徒数について調査。その他の年度の児童生徒数は年度5月1日現在。
※ 「注意欠陥多動性障害」及び「学習障害」は、2006（平成18）年度から通級による指導の対象として学校教育法施行規則に規定し、併せて「自閉症」も2006（平成18）年度から対象として明示（2005（平成17）年度以前は主に「情緒障害」の通級による指導の対象として対応）。
※ 2018（平成30）年度から、国立・私立学校を含めて調査。
※ 高等学校における通級による指導は2018（平成30）年度開始であることから、高等学校については2018（平成30）年度から計上。
※ 小学校には義務教育学校前期課程、中学校には義務教育学校後期課程及び中等教育学校前期課程、高等学校には中等教育学校後期課程を含める。

図6-1　令和3～4年度 特別支援教育に関する調査の結果について（文部科学省）
（令和3年度通級による指導実施状況調査（別紙2）p.1）

中心としていますが、発達に偏りのある児童生徒のなかには、集団活動への参加、コミュニケーション、対人関係などにおいて課題のある子がいるため、個別指導と小集団指導を適宜組みあわせて行い、教育効果を高めるようにしています。

■■ **2. 対象となる障害**

　通級による指導の対象となる児童生徒は、学校教育法施行規則第140条や

「障害のある児童生徒等に対する早期からの一貫した支援について」（平成25年10月4日付け25文科初第756号初等中等教育局長通知）には、「①言語障害者②自閉症者③情緒障害者④弱視者⑤難聴者⑥学習障害者⑦注意欠陥多動性障害者⑧その他障害のある者で、この条件の規定により特別の教育課程による教育を行うことが適当なもの（その他に該当する障害は、肢体不自由、病弱及び身体虚弱であること）」と示されています。

　障害の程度は、「通常の学級の学習におおむね参加でき、一部特別な指導を必要とする程度のもの」とあります。限られた指導時間での効果的な指導によって、在籍する学級への適応を高めていけるよう、通級による教育的効果を期待しています。

■■ 3. 指 導 時 間

　通級による指導は、通常の学級に在籍している障害のある児童生徒に対して、大部分の授業を通常の学級で行いながら、「一部障害に応じて特別の指導」を特別な場（通級指導教室）で行います。「一部」と示された具体的な指導時数は次の通りです。

　〈小・中学校もしくは義務教育諸校、中等教育学校の前期課程；1993（平成5）年度制度化〉週1～8単位時間（年間35～280単位時間）の範囲を標準とする。ただし、学習障害と注意欠陥多動性障害においては、月1～週8単位時間（年間10～280単位時間）の範囲を標準とする。

　〈高等学校もしくは中等学校の後期課程；2018（平成30）年度制度化〉年間7単位（1単位は35時間）を超えない範囲とする。

　この「特別の指導」は小中学校等の通常の教育課程に加える、またはその一部に替えることができるものとすると定められています。

　「特別の指導」は、障害の状態の改善または克服を目的とする指導であるため、自立活動の内容を取り入れる場合が多くあります。

　ただし、とくに必要がある時は、障害の状態に応じて各教科の内容を補充するための「特別の指導」を行うこともあります。たとえば、算数の筆算。計算をする際に、上下の位を揃えて書くことが苦手なために計算ミスをしている場合は、計算をする際に自分でマスを書く（位を揃えて数字を書くことができるように、

縦と横の線を書く）練習をすることで、計算によるミスを減らすことができるかもしれません。このように、子どもが困らないようにするための教科の補充が目的であり、通級で学んだことを教室で生かせるよう留意しなければなりません。そのため、通級による指導時数の設定においては、自立活動（障害による学習上または生活上困難の改善・克服を目的とする指導）に相当する指導を行うことが多いのです。

■■■ 4．通級による指導の開始から終了までの流れ

　学校教育法施行規則第140条の留意事項のなかに、「通級を利用する際に関しては、必要に応じ、校長、教頭、特別支援教育コーディネーター、担任教師、その他必要と思われる者で構成する校内委員会において、その必要性を検討するとともに、各都道府県教育委員会等に設けられた専門家チームや巡回相談等を活用すること」とあります。また、「通級による指導の対象とするか否かの判断に当っては、医学的な診断の有無のみにとらわれないように留意し、総合的な見地から判断すること」ともあります。

　それゆえ、対象となる児童生徒がいる場合、まず、担任の気づきから保護者へ相談をし、保護者の通級利用に関する要望を受けた後、校内委員会が、児童の行動観察、情報収集、実態把握をして検討していきます。次に、市町村教育委員会との連携のもと、総合的に判断し、通級による指導の必要があると認められた場合、通級による指導を開始することができます。開始の手続きは、通級指導教室が設置されている教育委員会によって決められています。同時に、本人や保護者へのガイダンスを行い、合意形成を図ることも重要です。年度途中でも、通級による指導の必要が認められた場合には、指導を開始することができます。指導の終了については、学習上または生活上の困難が改善・克服され、通常の学級における授業のみで学習や生活が十分に可能であると判断された場合、通級による指導を終了することができます（図6-2）。

■■■ 5．在籍学級との連携

　2013（平成25）年10月4日付け「障害のある児童生徒等に対する早期からの一貫した支援について（通知）」には、次のように示されています。

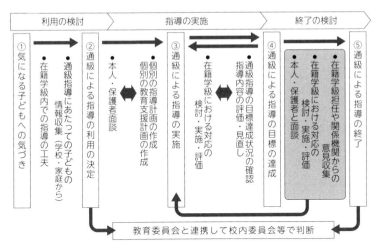

図6-2　通級による指導の利用の決定から終了までのフロー図
（文科省（2020）を参考に吉田が作成）

　「通級による指導を受ける児童生徒の成長の状況を総合的にとらえるため、指導要録において、通級による指導を受ける学校名、通級による指導の授業時数、指導期間、指導内容や結果等を記入すること」「他の学校の児童生徒に対し通級による指導を行う学校においては、適切な指導を行う上で必要な範囲で通級による指導の記録を作成すること」とあります。

　通級による指導を利用する児童生徒が通級で学んだことについて、在籍学級担任と通級担当教師の共通理解により、児童生徒は、在籍学級のなかでの過ごし方、友だちとのかかわり方、学習への取り組み方など、通級と同じ支援指導を受けることができます。また、通級による指導の記録、在籍学級担任と通級指導担当教師との定期的な情報交換会の内容を、在籍学級担任が指導要録に記載し、教育委員会が定める規定等に基づき保存します。そのため、在籍学級担任との連携は大切となります。

■■■　6．通級による個別の指導計画

　通級による指導では、在籍学級での個別の指導計画とは別に、通級による個別の指導計画を作成します。

通級による個別の指導計画は、通級の担当教師が中心となり、在籍学級担任、家庭、その他関係機関と連携しながら、子どもの実態を総合的（発達検査、生育歴、生活習慣、対人関係、社会性、コミュニケーション力、言語機能、身体機能、視機能、聴覚機能、情緒、興味関心、学習状況、長所・短所、進路、生活環境、知的・身体発達、病気等の有無など）にアセスメントします。通級の担当教師は、児童生徒の情報を収集・活用しながら、対象となる児童生徒を総合的に理解することで、個に応じた指導計画を作成します。そして、通級による個別の指導計画は、在籍学級での支援へとつなげることができるようにしていきます。

■■■ 第2節 ｜ 自立活動の理解

■■■ 1．自立活動とは

　自立活動とは、特別支援学校、特別支援学級、通級による指導の場において、特別に設けられた指導領域です。特別支援教育の土台となる「特別の指導」と呼ばれることがあります。

　特別支援学校学習指導要領では、「自立活動は、個々の児童又は生徒が自立を目指し、障害による学習上又は生活上の困難を主体的に改善・克服するために必要な知識・技能・態度及び習慣を養い、もって心身の調和的発達の基盤を培う」と定められています（特別支援学校小学部中学部学習指導要領（平成29年4月公示）第7章第1目標）。

　自立活動では、指導目標や指導内容・指導方法などを明記した個別の指導計画とともに、一人ひとりに対し評価を行います。障害による学習上および生活上の困難を改善、克服するために、教師は、どのように環境を整え、どのような支援をすれば、児童生徒が活動へ参加できるのか等を検討することになります。

■■■ 2．自立活動の内容

　自立活動の内容は、特別支援学校学習指導要領に、6区分27項目に分けて示されています。6区分27項目すべてを行う必要はありません。

　児童生徒一人ひとりの状況に応じて項目を確認し、自立活動の指導を行いま

表6－1　特別支援学校小学部中学部学習指導要領（平成29年4月公示）第7章第2内容

（1）健康の保持 ・生活のリズムや生活習慣の形成に関すること ・病気の状態の理解と生活管理に関すること ・身体各部の状態の理解と養護に関すること ・健康状態の維持・改善に関すること	（4）環境の把握 ・保有する感覚の活用に関すること ・感覚や認知の特性への対応に関すること ・感覚の補助及び代行手段の活用に関すること ・感覚を総合的に活用した周囲の状況の把握に関すること ・認知や行動の手掛かりとなる概念の形成に関すること
（2）心理的な安定 ・情緒の安定に関すること ・状況の理解と変化への対応に関すること ・障害による学習上又は生活上の困難を改善・克服する意欲に関すること	（5）身体の動き ・姿勢と運動・動作の基本的技能に関すること ・姿勢保持と運動・動作の補助的手段の活用に関すること ・日常生活に必要な基本動作に関すること ・身体の移動能力に関すること ・作業に必要な動作と円滑な遂行に関すること
（3）人間関係の形成 ・他者とのかかわりの基礎に関すること ・他者の意図や感情の理解に関すること ・自己の理解と行動の調整に関すること ・集団への参加の基礎に関すること	（6）コミュニケーション ・コミュニケーションの基礎的能力に関すること ・言語の受容と表出に関すること ・言語の形成と活用に関すること ・コミュニケーション手段の選択と活用に関すること ・状況に応じたコミュニケーションに関すること

す。自立活動の内容には、表6－1のものがあります。

■ 第3節　事例に基づく具体的指導と実際

　ここでは、どのように通級へとつながり、どのような指導をしたのかなど、実際の事例を紹介します。

■■■ 1. 事例1：人間関係の形成がうまくできない
児童生徒に対する指導

　通常の学級に在籍するＡさんは、自分の思い通りにならないと、言葉遣いが荒くなったり、相手に対して命令したり、暴言を吐いたりすることがありました。そのため、在籍学級担任から注意されることも多く、学年が上がるにつれて、物にも当たるようになってきました。家庭でも、イライラすると物に当たることが増え、保護者の方から、学校へ相談がありました。そこで、在籍学級担任より通級による指導を薦められ、保護者とＡさんとの相談の結果、Ａさんが楽しく学校生活を送ることができるようにするための方法や人とのかかわり方、感情のコントロールの練習をするために、通級による指導を開始することになりました。

　まず、実態把握として、Ａさんがなぜ、汚い言葉を使うのか、物に当たってしまうのか、何がＡさんをイライラさせてしまうのか等、Ａさんの話を聴きました。話を聴いていくなかで、Ａさんの本心には、友だちと仲良くしたい気持ちがあることがわかりました。

　しかし、相手の気持ちがわからない、自分の気持ちをどのように伝えたらいいのかわからないといった、人とのかかわり方やコミュニケーション力の弱さがあり、その克服がＡさんの課題であることに気がつきました。

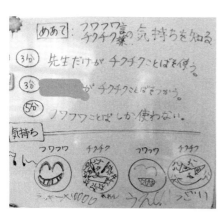

図6－3　「ふわふわ言葉とチクチク言葉」

　通級による指導では、表情カードを使って、気持ちについて考えたり、絵に描いたりすることで、いろいろな気持ちがあることに気づかせるようにしました。同時に、Ａさんの言葉遣いを確認しながら、その言葉を言われた相手がどんな気持ちになるのか、また自分のイライラのコントロールの方法を一緒に考えました（図6－3）。

　友だちとのかかわり方については、個別の指導を行った上で、小集団の

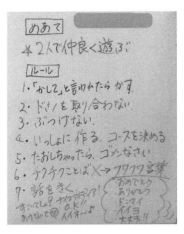

図6-4　活動のルール

図6-5　活動

活動も徐々に取り入れていきました。通級担当教師の見守りのもと、Aさんや一緒に活動する児童生徒に活動のルールを考えてもらうことで、相手とのかかわり方を増やしていきました（図6-4）。

　言葉の遣い方では、相手の気持ちや自分の気持ちを考えながら活動することで、活動当初は出てこなかった、「ナイスアイディア」「すごいね！」等、相手を認める言葉が出てくるようになってきました。自分を認めてほしい、誉めてほしいからこそ、相手のことを考えた言動ができるようになったのだと思います（図6-5）。

■■■　2．事例2：文字を書くことに抵抗のある児童生徒に対する指導

　通常の学級に在籍するBさんは、文字を書くと鏡文字になったり、漢字の画数が多くなると文字の線が増減したりすることがありました。学年が上がるにつれて、文字を書く機会が増え、漢字も難しくなったため、しだいに文字を書くことへの抵抗が強くなり、ノートを書くことが減ってきました。連絡帳を書くように声をかけても、「覚えたから、書かなくても大丈夫」と言って、連絡帳を書くこともなくなりました。すると、しだいに、学校生活のなかでも、Bさんは授業についていけなくなったり、忘れ物が多くなったりすることが増えていきました。Bさんの学校での困りごとは、保護者からも在籍学級担任へ相

談があり、在籍学級担任だけの対応では限界があるとのことで、通級担当教師へ相談がありました。そこで、通級担当教師は、在籍学級担任、保護者から話を聴きました。また、Bさんからも話を聴いたり、これまでのノートを見せてもらったりすることに加え、医療機関による視覚機能の検査をするなどの実態把握をしました。Bさんに関する行動観察の後、校内委員会、市町村教育支援委員会を通し、通級による指導の開始へとつながりました。

図6－6　漢字カード

図6－7　図形パズル

Bさんの情報収集、行動観察の結果、Bさんの見え方に関する課題、手先の不器用さに対する課題がみえてきました。そこで、通級による指導では、読み書きに関する支援やビジョントレーニングによる指導を開始することになりました。

ビジョントレーニングでは、目と手（身体）と脳を使ったトレーニングを進めていきました。漢字カード（図6－6）、図形パズル（図6－7）、ペグボード（図6－8）などに取り組むうち、「わからない」から「わかった」「できた」へとできることが増え、自己肯定感を高めることができました。また、在籍学級担任と

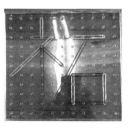

図6－8　「ペグボード」

相談しながら、ノートの文字を書くスペースを大きくしたり、線を加えたり、穴空きプリントを用意したりするなど、用紙の工夫をすることで、文字を書くことへの抵抗を減らすことができました。

　筆者は、AさんとBさんの経験から、子どもの困り感に気づき、子どもの困り感と向きあい、子どもの話を聴くことが、子どものSOSのサインを見逃さないことだと学びました。

〈やってみよう！ 演習〉
　言葉や気持ちを上手に表現できずにいる子どもがいます。その子は、どのようなSOSのサインを出していますか。発信しているSOSのサインをペアやグループで伝えあいましょう。

| 本章のPOCKET | 気になる言葉は、子どものSOSのサイン |

（吉田　小百合）

〈さらに学びたい人へ〉
・文部科学省（編著）（2018）．障害に応じた通級による指導の手引き●解説とQ＆A●改訂版 3 版　海文堂
・田中裕一（監修）、全国特別支援学級・通級指導教室設置学校長協会（編著）（2021）．「通級による指導」における自立活動の実際　東洋館出版社

〈参考・引用文献〉
文部科学省（2013）．障害のある児童生徒等に対する早期からの一貫した支援について（通知）
文部科学省（2017）．特別支援学校小学部中学部学習指導要領
文部科学省（2018）．特別支援学校教育要領・学習指導要領解説　自立活動編（幼稚部・小学部・中学部）平成30年 3 月
　　https://www.mext.go.jp/component/ a _menu/education/micro_detail/__icsFiles/afieldfile/2019/02/04/1399950_5.pdf
文部科学省 初等中等教育局 特別支援教育課（2020）．初めて通級による指導を担当する教師のためのガイド
　　https://www.mext.go.jp/tsukyu-guide/common/pdf/passing_guide_02.pdf
文部科学省　令和 3 ～ 4 年度特別支援教育に関する調査の結果について
　　https://www.mext.go.jp/ a _menu/shotou/tokubetu/1402845_00008.htm
田中裕一監修　全国特別支援学級・通級指導教室設置学校長協会編著（2019）．新版「特別支援学級」と「通級による指導」ハンドブック

通級指導教室（通級）の始まり

　通級が始まっても、まだ地域で十分に認知がされていなかった頃、私は、通級の担当をすることになりました。私は、Ａ校を拠点に、Ｂ校、Ｃ校、Ｄ校を１週間で順番に回り、子どもの指導をしていました。１年目は、通級について学校の先生に説明をしながら、通級を利用する子どもの把握、保護者相談を中心に取り組みました。

　そのとき、Ｂ校の先生から「部外者なんだから、Ｅさんには関わらないで下さい！」と一言。私は、驚きと虚しさと怒りに、「部外者なんですか？　じゃあ、もう呼ばないで下さい！」と言い返し……Ｂ校を去りました。私は、諦めたのです。すると翌年、Ｂ校の通級はなくなりました。対象的に、Ｃ校、Ｄ校は、通級について理解を示してくれました。通級への認知は、一気に広がりました。学校の先生が一丸となり、子どもや保護者と相談することで、通級を利用してみよう、利用してみたい……という人が増えました。「通級に行くと、出来ることが増えた」「気持ちが落ち着いた」「友だちとの関わり方がわかった」など、保護者や子どもだけではなく、先生からも、「怒ることが減った」「子どもの対応がわかった」「子どものわからないがわかった」など、たくさんの感謝の言葉を頂けるようになりました。通級理解が進むにつれて、校内を徘徊する子や汚い言葉が減り、学校は、静かに穏やかな時間が流れるようになっていったのです。通級を利用する子どもが増えたことで、私は、個別対応だけではなく、集団での対応も始めました。

　通級指導担当を始めて２年が過ぎた頃、通級での実践結果が出てきました。私は、私より先に始めた通級の先生に話を聞き、学校教育課と相談しながら、とにかく諦めずに、子どもと保護者と学校と向き合い、これからの学校の在り方について考えました。結果が伴ってくると、Ｂ校にも通級についての理解が広がっていきました。すると、Ｂ校から「再度、Ｂ校にも通級を……」と嬉しい言葉を頂くことができました。

　初めてのこと、知らないこと、わからないことには、誰もが抵抗があると思います。しかし、諦めずに知ってもらう、理解してもらうことが、一人でも多くの子どもや保護者、先生をサポートできるのだと知りました。そして、諦めないことが、子どもを見捨てずに守れるのだと気づきました。

　本気で子どもと向き合うために必要なこと。それが何かを考え続けること。それが、これからの教師に必要な力なのかもしれません。

（吉田　小百合）

発達障害のある子が在籍する通常学級における学級づくり

発達障害のある子が在籍する通常学級を参観し、その子がまわりの子のなかに溶け込んでいるように感じられる温かな雰囲気の学級に出会ったことがあります。その際、「どのようにすれば、このような、温かい雰囲気に包まれた学級が生まれるのでしょうか？」と、担任の先生方に尋ねました。そして、先生方の答えの共通項と、筆者自身の実践・研究知見をすりあわせ、「発達障害のある子が在籍する通常学級における学級づくり３ステップ」を整理しました。それは、「ステップ１：発達障害の理解」「ステップ２：学級集団の理解」「ステップ３：学級すべての子どものソーシャルスキル・自尊感情育成」という３ステップです。子どもたちが学校生活のなかで、もっとも多くの時間を過ごす学級という場所が、すべての子どもにとっての「居場所」になれば、そこには、子どもと教師の笑顔があふれることでしょう。

本章では、「学級づくり＝居場所づくり」の３ステップについて、事例の紹介も併せ、具体的に解説します。

第１節　「ハンカチ理論＝学級づくり」
：教室でできる特別支援教育の「王道」

筆者は、教育委員会在職時、「専門家チーム」の構成メンバーの一員として、各学校のニーズに応じ、巡回相談を担当していました。専門家チームとは「教育委員会や特別支援教育センター等における専門家による相談機関」であり、メンバーは「教育委員会の職員、特別支援学級や通級指導教室の担当教師、通常学級の担当教師、特別支援学校の教師、心理学の専門家、医師、福祉関係者、保健関係者等（ケースによっては保護者も参加）」から構成されます。ある小学校で、離席・暴言の特性がある子（Ａさん・４年生）が在籍する学級を参観した際、その特性が目立たず、まわりの子たちと一緒に学んでいた姿に微笑ましさを感じ

ました。担任にその感想を伝え、「先生のどのようなご指導で、Aさんは落ち
つくようになったのですか？」と尋ねたところ、「Aさんに対するまわりの子
の関わり方を育てたら、Aさんも一緒に育ちました」という答えが返ってきま
した。特別支援教育が専門である筆者は、特性のある子どもを「何とかしよう、
何とかしなければ」という思いを強くもっていたがゆえ、当時、「まわりの子
を育てる」という視点にふれて、新鮮な印象を受けたことを思い出します。

　大学教員になって以降も、各地の校内研修等で、学級を参観する機会が多く
ありました。ある小学校では、こだわりの特性がある子（Bさん・6年生）の学
級を参観しました。こだわりゆえに、学習活動の切り替えに少し時間がかかる
面も見られましたが、担任がさりげなく、そばに行って言葉をかけたり、まわ
りの子もBさんが落ち着くまで静かに待っていたり、穏やかな空気が教室全体
を包んでいました。良き学級の育て方について、担任に質問したところ、「B
さんを支えるまわりの友だちの力は、教師一人の支援をはるかに超える。つま
り、まわりの子の力を育むことができれば、その子たちが教師以上に特性のあ
る子に関わってくれるようになります」という答えでした。この、「気になる
子を支えるまわりの友だちの力は、教師一人の支援をはるかに超える」という
言葉のインパクトは強く、私のなかでは、「現場でふれた名言」の1つとして、
今も心に残っています。また、別の小学校では、離席・多動の特性がある子
（Cさん・4年生）の学級を参観しました。参観時、やや落ち着きのなさは見ら
れましたが、みなと一緒に笑顔で学習に向かう姿が多く見られたため、Cさん
の成長について担任に尋ねました。担任からは、「まわりの子たちの協力がな
ければCさんは育ちませんでした。まわりの子たちに感謝です」という答えが
返ってきました。

　この3人の教師の実践・言葉にふれた後、次の言葉に出会いました。

　　この私のハンカチを見てください。この辺の糸がほつれているのが分かりますか？
　では、このほつれた一本の糸を持ってこのハンカチを持ち上げてみます。あっ、糸が切
　れてしまいました。当然、ハンカチ全体が落ちてしまいましたね。どうですか、みなさ
　ん？　こんなところを持っても、ハンカチ全体を上に上げることなどできませんよね（親
　野，2006）。

私は３人の教師の実践・言葉と親野氏の言葉にインスパイア（触発）され、教室でできる特別支援教育の「王道」（＝もっとも正統的な道）とは、「ハンカチ（学級）を持ち上げれば、糸（特性がある子）も持ち上がる」ということ、すなわち、これこそが「学級づくり」ととらえ、それを「ハンカチ理論」と呼び、講義・講演の際、学生・教師に伝えています。

第２節　発達障害のある子が在籍する通常学級における「学級づくりの３ステップ」

1．ステップ１：発達障害の理解

　「ハンカチ」を持ち上げようとしても、「ほつれた糸」が目に入れば気になります。「糸」は長いのか、短いのか、からまっているのか、ねじれているのか等々、その状態を見なければ、「ハンカチ」を持ち上げたくても気になって仕方がないでしょう。このたとえのように、まずは、通常学級に在籍する特性のある子の理解が必要です。発達障害の診断がある、あるいはその可能性がある子の特性について、担任や特別支援教育コーディネーターが中心となり、行動観察・校内委員会でのケース検討等を経て、状態の把握に努めることが理解のスタートです。その後、個別の指導計画、個別の教育支援計画の作成による具体的な支援が行われます。たとえば、「この子は自閉症スペクトラム障害の特性がある」と状態把握がなされることで、「聴覚情報の受け止めは苦手なので、視覚情報を多く使おう」等の支援の方向性が明らかになります。あるいは、「この子は注意欠陥多動性障害の特性がある」という状態把握がなされたならば、「長い時間１つの活動に注意を向けることが苦手なので、我慢ができないときのクールダウンの場所を教室後方・カーテンで仕切って用意しよう」等の支援の方向性が明らかになるでしょう。なお、発達障害の詳細に関しては、第３章「発達障害の理解と支援」を参照してください。

2．ステップ２：学級集団の理解

　「ハンカチ」を持ち上げようとして、それがしわくちゃだったり、汚れていたりしたら、手にすること自体、躊躇してしまうでしょう。しかし、「ハンカ

チ」が清潔・綺麗であれば、手が伸びやすくなります。このたとえを、学級集団の状態に合わせてたとえ直すと、「清潔・綺麗なハンカチ」＝「居場所（居心地のよい場所）」となります。担任であれば、学級が、在籍するすべての子どもにとっての「居場所」となっているかどうか、その状態把握に努めることが理解のスタートとなります。先行知見、および筆者自身の経験を踏まえた「居場所の条件」は、「ルールとふれあい」の2つと考えられます。以下、具体的に解説します。

（1）居場所の2条件：ルールとふれあい

河村（2007）は、「教育力のある集団を育てるためには、ルールとふれあいをバランスよく確立させることが必要」と述べています。この知見に、筆者自身の経験をすりあわせると、「学級集団の成長過程」が次のように整理できます（曽山，2014）。

> 話の仕方、聴き方等の「ルール」が学級内に定着すると、そこには安心感が生まれる。安心感をベースに教師と子ども、子ども同士のかかわりが促され、徐々に「ふれあい」が構築される。「ふれあい」のなかで、学級への所属感、個々の承認感が高まり、学級は全ての子どもにとっての「居場所」になっていく。

みなさんにも、これまでの学校生活をふり返り、「居心地がよかったなぁ」と思い出す学級があるのではないでしょうか？ そうした学級には、ルールに守られた「安心感」があったでしょうし、担任の先生や友だちとのふれあいを通して「承認感」があったことでしょう。そのような学級であれば、みなさんは日々、笑顔でさまざまな学習活動に取り組めていたことでしょう。

なお、本章で使用する「ふれあい」は「リレーション」ともいい、「お互いに構えをとった感情交流をもっている場合であり、ポジティブ・ネガティブ、どちらの感情交流も可能な関係性」（國分・國分，1984）のことです。たとえば、「褒めてもくれるし、叱ってもくれる先生」「お互いの気持ちを正直に伝えあえる親友」などは、「ふれあい」の関係にある、といえます。どうでしょうか？今、みなさんの頭のなかに思い浮かぶ人たちは、みなさんにとって、「ふれあい」の関係にある（あった）人ですか？

（2）居場所の2条件の裏付け
：「欲求階層説」

　前述の「居場所の2条件はルールと
ふれあい」という考え方にふれ、経験
上、「わかる、納得する」等、得心し
ても、その思いに自信がもてないこと
もあるでしょう。筆者は、恩師・國分
康孝先生のご講演から学んだ「I think
の前には理論が必要」という言葉に背

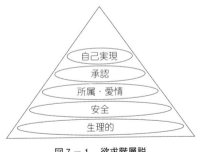

図7−1　欲求階層説
（マズロー．1987より作成）

中を押され、さまざまな理論にふれるうち、「I think」に自信がもてるように
なりました。筆者にとって、「居場所の2条件」の裏づけとなったのは「欲求
階層説」です。この説は、「人間は誰もが5層の欲求をもっている。そして、
上位欲求が生じるには、下位欲求が部分的にでも満たされる必要がある」と要
約されるものです。では、具体的に、子どもたちが学ぶ学級に当てはめて考え
てみましょう。

第5階層	自己実現欲求〜「○○な自分になりたい」「将来、○○という夢を実現できる自分でありたい」という欲求
第4階層	承認欲求〜「みんなから認めてもらいたい」という欲求
第3階層	所属・愛情欲求〜「学級に所属したい」「先生や友だちから愛されたい（声をかけてもらいたい）」という欲求
第2階層	安全欲求〜嫌なことを言われたり、されたりせず、「安心・安全に過ごしたい」という欲求
第1階層	生理的欲求〜「食べたい、飲みたい、眠りたい」等、生きていくための基本的な欲求

　戦争や飢餓で苦しんでいる国の子どもたちは、生理的欲求ですら十分に満た
されていません。しかし、日本では、虐待・貧困に苦しむ子どもたち（第10章
参照）を除き、生理的欲求は満たされていると考えられます。それゆえ、学級
に在籍する子どもたちに対して、担任が最初に満たすべき欲求が安全欲求であ
り、具体的なアプローチが「ルールづくり」となります。学級にルールが生ま
れると、その安心感をベースに「ふれあいづくり」を進めることができ、少し
ずつ、学級が「居場所」になっていくことでしょう。先に記した「学級集団の

成長過程」の通りです。ここで紹介した「欲求階層説」は、学級集団の理解における、筆者の「I think」を支える理論です。みなさん自身の「I think」、およびそれを支える理論とすりあわせてください。

（3）「ルールとふれあい」状態の把握

「ルールとふれあい」の状態について、担任であれば、学級の児童生徒の行動観察からおおよその把握をすることは可能です。たとえば、「うちの学級は、みながルールを守って落ち着きがある」「担任と生徒、生徒同士のふれあいの糸が結ばれ、温かな雰囲気がある」等、とらえたとします。しかし、その把握はあくまでも担任自身の主観によるものです。もしかすると、心のなかの涙を周囲に見せないようにふるまっている子どももいるかもしれません。とくに、「疾風怒濤期」と形容される思春期段階に相当する中学生の場合、自分の本心をさらけ出すことに抵抗を感じる生徒がいることを、教師は心に留め置く必要があるでしょう。

では、集団としての学級の状態や、その集団を構成する個々の子どもたちの状態を、より正確に把握するにはどうしたらよいのでしょうか？ 1つは、複数の教師の目で行動観察をすることです。担任だけでは気づかなかった「良い点」「気になる点」などが見えてくることがあります。もう1つは、子ども自身が回答するアンケート調査を活用することです。自分の本心を、言葉で伝えることはできずとも、アンケートへの記述であればできる子どももいます。学校独自に作成したアンケートでもよいし、あるいは、市販の学級診断尺度等を活用してもよいでしょう。大切なことは、担任だけの目による把握ではなく、「複数の目」による把握を行うことです。

ここまでの、「ステップ1：発達障害の理解」「ステップ2：学級集団の理解」を丁寧に進めることにより、「ハンカチ」は持ち上げやすくなるとともに、「ユニバーサル（万人向け）」な支援をすることが可能となります。

■■■ 3．ステップ3：学級すべての子どものソーシャルスキル ・自尊感情育成

ほつれた「糸」および「ハンカチ」の状態を把握した後、いよいよ「ハンカチ」を持ち上げていきます。このたとえの具体は、さまざまに特性のある子、

まわりの子を含め、「学級すべての子どものソーシャルスキル・自尊感情育成」となります。

「人づきあいのコツ・技術」と定義されるソーシャルスキル、「自己評価の感情」と定義される自尊感情。これらは、人と人がスムーズに関わりあうために不可欠な要素と考えられます。なぜならば、「話す・聴く」「感謝する・謝罪する」等の関わりのコツ・技術を身につけていない人はまわりとうまく関わることが難しいでしょうし、また、自分に「OK」と言えない人はまわりにはもっとOKを言いにくいことが推測されるからです。第1節で紹介した、「Aさんに対するまわりの子の関わり方を育てたら、Aさんも一緒に育ちました」という教師の言葉にあるように、特性のある子に対し、まわりの子が優しい話し方・聴き方をする、「OK」と言えるからこそ、特性のある子も少しずつ育つ姿が見られたのでしょう。

では、具体的に子どもたちのソーシャルスキル、自尊感情を育むために、どのようにするとよいのでしょうか？「居場所の2条件」である「ルールとふれあい」づくりと関連づけるならば、たとえば、「優しい言葉遣いをしよう」「頷いて話を聴こう」等の学級ルールづくりを進めることにより、教師や友だちとのかかわりに不可欠なソーシャルスキルが徐々に育れていくことでしょう。また、さまざまな学習活動のなか、教師や友だちに「褒められる・認められる」ふれあい体験を重ねることにより、自尊感情も徐々に育れていくことでしょう。

発達障害のある子が在籍する通常学級における学級づくりは、本章で記した3ステップを丁寧に踏むことで、学級すべての子どもにとっての「居場所」づくりが可能となります。学級という「ハンカチ」の状態を把握し、「ハンカチ」を持ち上げましょう。特性のある子がまわりの子と溶け込む温かな雰囲気が、少しずつ学級のなかに生まれてきます。

〈やってみよう！ 演習〉

みなさんがこれまで過ごした学級の「居心地」はどうでしたか？ さまざまな教師の働きかけを思い出すと、あらためて気づくこと・感じることがあるでしょう。まずは、個人でふり返り、その後、無理のない範囲で、ペアやグループで「気づいたこと・感じたこと」を伝えあいましょう。

本章のPOCKET	学級づくりという「ハンカチの持ち上げ」は教師の腕の見せどころ

（曽山　和彦）

〈さらに学びたい人へ〉

・曽山和彦　ホームページ：「KAZU・和・POCKET」http://www.pat.hi-ho.ne.jp/soyama/index.htm

〈参考・引用文献〉

河村茂雄（2007）．学校の課題―学力向上・学級の荒れ・いじめを徹底検証　データが語る①（pp.74-75）図書文化

國分康孝・國分久子（1984）．カウンセリングＱ＆Ａ１（p.132）誠信書房

マズロー，A.H.，小口忠彦（訳）（1987）．人間性の心理学（pp.56-72）産能大学出版部

親野智可等（2006）．「叱らない」しつけ　子どもがグングン成長する親になる本（pp.87-88）PHP研究所

曽山和彦（2014）．教室でできる特別支援教育　子どもに学んだ「王道」ステップ　ワン・ツー・スリー Ⅰ（p.16）文溪堂

大学で出会った忘れえぬ学生

「小学校高学年の時、僕が起点となって学級を崩壊させたことがあります。家庭状況が面白くなくていつも不満を抱えていたり、自分自身、多動・衝動的な傾向があったりしたことが原因かと思います」。このように、話を聞かせてくれた男子学生がいました。そこで、「でも今はこうして教職課程を履修し、教師を目指す君がいるわけだけれど、それはどうして？」と尋ねたところ、「僕が荒れていると、『○男、何があった？　どうした？』といつも気にかけ、声をかけてくれた先生がいたんです。僕の勝手な言い分も否定せず聴いてくれました。それが嬉しくて、少しずつ僕の気持ちも収まり、学級でみんなと一緒に過ごせるようになりました。僕はその先生に救われたし、僕も将来、子どもを救う先生になりたいと思い、今、学んでいます」と話してくれました。また、ある女子学生は、「勉強面でも生活面でも、さまざまに注意が散漫だった私とかかわった先生たちの中で、『あっ、先生は私のことを諦めた、見捨てた』とわかる瞬間があった」と話してくれました。

私は、二人から、子どもの前に立つ教師の専門性とは、「良い授業ができること・良い生徒指導ができること」以上に、かかわる子どもを決して「諦めない・見捨てない」姿勢にある、と教えられたような気がしました。「若い頃、養護学校教師として、さまざまな障害特性のある子どもたちの担任であった私は、果たして、子どもたちを諦めず、見捨てずに関わってきたのだろうか」と、今、私自身に問いかけています。

○○君、○○さん、君たちの言葉で、「教師の専門性とは何か」をあらためて考える機会を得ることができました。ありがとう。

（曽山　和彦）

hapter —————————— …8

発達障害のある子が在籍する
通常の学級における関係づくり

関係づくりの基礎・基本

大学の「特別支援教育論」の講義において学びを進めていくと、「担任だけでは支援が行き届かない」「まわりの子どもたちが"あの子だけズルい"と言うのではないか」などと不安を感じる学生の声が聞こえてきます。その一方で、自身の学校生活をふり返り「先生が気づかないところでまわりの子が手助けをしていた」「その子のことをみんなよく知っていて、楽しく活動できていた」という話をする学生に出会うことがあります。

本章では、発達障害など支援を要する児童生徒が学級集団に馴染み、すべての児童生徒が互いに認めあえる関係づくりについて学んでいきます。

■ 第1節 | 関係づくりで育てる「かかわりの力」

教室は多様な児童生徒がともに学び、生活する場です。障害のある子ども、障害はなくとも集団生活を送る上での困難さを抱えている子ども、そして多様な性のあり方や生育環境の影響などにより生きづらさを抱えている子どもなどがいます。

このような学級集団において起こる問題行動やトラブルの原因を探っていくと、児童生徒のなかにかかわりの力（＝他者と適切に関わる力）の未熟さが見えてきます。たとえば、人に物を借りる時の「貸して」、「いいよ」、貸してもらったら「ありがとう」と言うことや、挨拶をされたら挨拶を返す、困っている人を見たら「どうしたの？」「大丈夫？」と優しく声をかけるなどができないことです。かかわりの力は「自尊感情（自己評価の感情）」と「ソーシャルスキル

（人づきあいのコツ、技術）」の２つの要素によって主に構成されており、いずれも人とのかかわりを通さなければ育むことは難しいと考えられます（曽山, 2023）。

■■ １．教師のかかわりの力

　学級に発達障害などの支援を要する児童生徒が在籍する場合には、子どもだけでなく保護者への対応や同僚、外部の関係者との連携など、他者とのかかわりが必要な場面が多くあります。そのような場面において、教師が十分なかかわりの力をもっていれば、多くの場合は教育活動をスムーズに進めていくことができるでしょう。

　他者とコミュニケーションをとることが苦手という人もいるかもしれません。筆者も得意な方ではありませんが、他者とのかかわりのコツをつかむために、コミュニケーションスキルを高めるための著書を読んだり、研修を受けて学んだり、良い関係づくりをしている先輩や同僚の姿を真似したりして日常生活のなかで実践することを心がけています。まずは教師自身が知識やスキルを身につけ、他者とのかかわりのなかで自己理解を深める機会を得て、かかわりの力を磨いていきましょう。

■■ ２．子どもたちのかかわりの力

　筆者は約20年間、養護教諭として学校で勤務していました。保健室には、「気の合う子がいない」「話を聞いてくれない」「仲間に入れてもらえない」などと訴えてくる児童生徒がいます。詳しく話を聴くと、その子自身が発達の問題を抱えていることや、人とのかかわりが苦手であることなどかかわりの力の未熟さが見えてきます。筆者は当初、そのような児童生徒に対して「それはつらかったね」と受容、共感し、「こういう言い方をしてみたらどう？」など望ましい行動や態度を教えていました。しかし、そのように教えてもうまくいかないことがよくありました。支援を要する児童生徒が教えられた行動や態度をとった時に、まわりの児童生徒が無視したり、否定的な態度をとったりすることがあるからです。今あらためて、支援を要する児童生徒だけでなくまわりの児童生徒にもかかわりの力を育てていくことが必要だったとふり返っています。

学校・学級において、教師は個人や集団に働きかけて関係づくりに取り組み、かかわりの力を育てていきます。関係づくりに活用できるカウンセリング・心理療法として、集団の性質を利用して行う「グループアプローチ」があります。いくつかの種類がありますが、学校で使いやすいように研究され、実践されているもの（表8 - 1）がありますので、興味のあるものや実践できそうなものについて学んでおくとよいでしょう。

表8 - 1　学校で使えるグループアプローチ（諸富，2014）

構成的グループエンカウンター（SGE）/ ソーシャルスキルトレーニング（SST）/ アドラーのクラス会議 / グループワークトレーニング / ピアサポート / ピアメディエーション / モラルスキルトレーニング / アサーショントレーニング

第2節　関係づくりの基礎・基本

1．関係づくりの第一歩

　関係づくりのはじめに大切にしたいことを2つ紹介します。

　筆者の同僚には、児童生徒といい関係ができているなぁと感じる方が何人かいます。ある方はそのコツについて「子どもとの関係をつくるためには、まずその子に関心を寄せて近づき、同じ土俵に乗ってみる」と話されました。このことが、曽山和彦先生（名城大学教授）から学んだ"関係づくりの第一歩は相手への関心"というフレーズと重なって心に刻まれています。教師と子ども、子ども同士、教師と保護者、教師同士等、さまざまな関係づくりにおいて、まず「あなたのことを知りたい」と相手に関心を寄せることが大切です。

　もう一つは、相手の名前を呼ぶことです。ある小学校に勤務していた時、毎日「丹羽先生、おはようございます」と挨拶をしてくれる児童がいました。その頃、筆者は立場的にも精神的にも辛い状況だったのですが、彼女が名前を呼んで挨拶をしてくれることにとても勇気づけられていたと心に残っています。挨拶だけのことでしたが、名前を呼んでもらうことに大きな力があったのだと実感しています。筆者はこの体験以降、メモを持ち歩いたり、名札や持ち物の記名を確認したりと工夫して、相手の名前を呼ぶことを心がけています。名前

を呼ばれることで、自分が特別な一人として認められている安心感が得られ、関係の糸がつながります。

■■■ 2．教師と子どもの関係づくり

教室においては、まず教師と子どもの関係づくりを進めていきましょう。

教師が児童生徒一人ひとりに関心を寄せる、児童生徒が教師に対して関心をもつ、この相互作用によって関係の糸がつながります。そして、その糸を太く確かなものにしていくための働きかけをしていきます。

（1）関わる機会を作る

学校での限られた教育活動においては、教師が工夫して児童生徒と関わる機会を作ることが必要です。個々の児童生徒に対しては朝や休み時間、放課後の教室で声をかけたり、一緒に遊んだりすること、授業後の質問を受けること、ふり返りノートやプリントでのやりとり、面談の実施などがあります。

集団に対しては、SGE（構成的グループエンカウンター）のエクササイズに教師と児童生徒の関係づくりに活用できるものがいくつかあります。「あいこジャンケン」（鎌田，1999）や「ジャンケンでさよなら」（梁瀬，1999）、「先生とビンゴ」（品田，1999）、「X先生を知るYES・NOクイズ」（藤川，2004）などは、短時間で楽しく取り組むことができるのでおすすめです。

（2）すべての児童生徒に"ボール"を投げる

教室にいるすべての児童生徒は、教師からの注目や承認の"ボール"（視線や表情、ジェスチャー、言葉など）を待っています。教室での児童生徒の様子を見ていると、教師の気を引く行動でみずから"ボール"を求めてくるタイプの子、"ボール"を投げてほしくても求め方がわからなかったり、求めるタイミングが合わせられなかったりというタイプの子がいます。受け取り方も、みずから構えて直球を受け取りすぐに返球できる子、気を引いて優しく投げてあげないと受け取れない、たくさん投げても少ししか受け取れない子などさまざまです。

教師と楽しそうにキャッチボールをしている子に対して、それを眺めているまわりの子はどう感じているか考えてみましょう。「うらやましいな」「私も"ボール"が欲しいな」などと感じているのではないでしょうか。なかには「あの子ばかりずるい」「どうせ私のところには飛んでこないや」などと思い始

める子が出てくることがあります。そうなると、関係の糸がつながることは難しくなりますし、つながっていた糸が切れてしまうこともあります。教師は教室にいるすべての児童生徒に対して、受け取りやすい"ボール"を投げ続けましょう。諦めず、投げ続けることで教師の投球の腕は上達していきます。

（3）教師が「自己開示」をする

自己開示とは、self-disclosureの訳で、文字通り自己を開示する「自分のことを語る」ということです。ジェラード（Jourard, 1971）は、「自己開示とは他者が知覚しうるように自分自身をあらわにする行為」と定義しています。その効果について川端（2008）は、自身の体験から「①（自己開示した側は）防衛機制が減る。②自己理解が増す。自己開示された側は、③（心理的に）近づきやすくなる。④自己開示した者を模倣し、自分も自己開示しやすくなる。⑤他者の自己開示を聴いているだけでもヒントがもらえ、気づきが生まれる。」と述べています。

教師が、自分のこと（たとえば好きなもの、得意なこと、苦手なこと、体験したこと、感じたこと、考えていることなど）を語ることで、児童生徒は教師に対して親近感をもち、「自分のことを話してみようかな」という気持ちになっていきます。さらに、児童生徒が教師の経験や考えを知ることで、自分の"生き方・あり方"のヒントを得る場合もあります。自分が子どもだった頃を思い出してみましょう。学生からは「自分の思いを話したり、経験談を話したりする先生に親しみを感じた」「オープンな先生には話しやすいと思っていた」という声を聞くことがあります。**教師の自己開示は、児童生徒との心理的距離を縮め、児童生徒の自己開示を促進させる効果があります。**

（4）"伝わる言葉"をかける

つながった関係の糸を太く確かなものにしていくために、日々子どもたちに"伝わる言葉"をかけていきましょう。関係づくりを促進させる"伝わる言葉"（表8-2）は、カウンセリング理論・技法に裏づけされており関係づくりに活用できるものです。言葉以外にも、表情や視線、うなずき、ジェスチャーによるOKやgoodのサインなどの方法でメッセージを送ることも効果があります。ただし、「アイメッセージ」については、相手の心情を感じ取る力に弱さがある自閉症スペクトラム障害（ASD）やその傾向がある子どもに伝わりにくいこ

表8－2　関係づくりを促進させる"伝わる言葉"（曽山，2013）

◆アイメッセージ：「アイ（私）」を主語にした声かけ
◆勇気づけ：「ありがとう」「うれしい」「助かる」
◆リソース探し：「長所」や「好き」「得意」を褒める・認める・勇気づける
◆リフレーミング：「見方」を変えて「味方」に　「短所」を「長所」に
◆例外探し：「例外（うまくやれていたこと）」を見つけて言葉をかける

とがあります。障害の特性や年齢に合わせた言葉やメッセージを送ることが大切です。

■■■ 3．子ども同士の関係づくり

　教師が何もしなければ、子どもたちの関係は固定化し、障害のある子どもやかかわりの苦手な子どもは孤立したり、いじめの対象にされたりということが起こりやすくなります。そこで、教師は、互いに認めあい、助けあえるあたたかい関係ができるように働きかけていきます。

（1）子ども同士が関わりあう場を作る

　日々の学校生活のなかにはグループでの係活動や給食当番、掃除、委員会・クラブ活動など、さまざまに子ども同士が関わりあう場が設定されています。また、運動会や体育大会、合唱祭や文化発表会、修学旅行などの学校行事にもあります。学級遊びやレクリエーションなどの活動を実践することもあるでしょう。そして、このような子ども同士が関わりあう場においては、トラブルが発生することがしばしばあります。一つのケースを紹介します。

> 　昼休み、Aさん（小4男子）が保健室に泣きながら来室し「グループの人に無視された」と訴えてきました。養護教諭はそのことを担任に伝え、同じグループの他のメンバーに話を聴いてもらいました。すると、「Aさんは、私たちの話を最後まで聴かずに自分の言いたいことを一方的に話すので、そんな話は聴きたくないから無視してしまった」ということでした。

　このような場合、個別の働きかけとして、Aさんには友だちと仲良くするためには「相手の話は最後まで聴く」というソーシャルスキルを教えます。他の

メンバーにはＡさんは人の話を聴くことが苦手だということを伝え、無視をするのではなくＡさんに伝える方法を一緒に考えます。互いの話を聴き、教師としての想いを伝えながら子ども同士の関係をつないでいきます。

　学級全体には「話の聴き方・伝え方」についてのSST（ソーシャルスキル・トレーニング）が活用できます。SSTは行動理論の考え方に基づく行動変容を目的としたアプローチです。適切な行動や態度を学んでいないなら教え、間違って学んでいるのなら修正していきます。基本的な進め方は「インストラクション（言語教示）」→「モデリング（示範）」→「リハーサル（実行）」→「フィードバック（評価）」となります。適切な方法を教え、手本を見せて実行させ、望ましい姿を褒め、認めていくことで行動が「強化」され、くり返し行うことでスキルが身についていきます。相手の話を聴いたり、自分のことを話したりできる「質問ジャンケン」（浅川，2004）や「アドジャン」（滝沢，1999）など、短時間で楽しく子ども同士が関わりあえる演習はSSTとしても活用でき、おすすめです。SSTをくり返し行うことでソーシャルスキルが身につく児童生徒が徐々に増え、身についていない児童生徒のモデルとなり、集団全体のソーシャルスキルは上がっていきます。

　このように、教師は子ども同士の関わりあう場を設定し、子ども同士がつながるための働きかけをしていきます。

（2）子ども同士が認めあえる働きかけをする

　「みんなと仲良くすることが大切」ということを、多くの児童生徒は知っています。それでも相手を攻撃したり、避けたりなど、関係づくりがうまくいかないことはよくあります。そこには「（自分のことを）わかってもらえない」「受け入れてもらえない」というような自尊感情の低さが見られます。

　そこで、教師は児童生徒の自尊感情を高めるために、子ども同士が認めあえる働きかけを行います。たとえば、今日一日の活動のなかで見つけた仲間のいいところを伝えあう、仲間にしてもらったうれしかったことを小さな紙に書いて大きな台紙に貼っていくなど、「いいとこみつけ」の取り組みはさまざまな方法で実践されています。また、児童生徒一人ひとりの一日のふり返りや行事のふり返りなどを学級通信に載せて紹介し、互いの行動や考えを認めあうという取り組みもあります。

ここでは、筆者がかつて勤務していた小学校での取り組みを紹介します。

> Bさん（小5女子）は毎日、昼休みに保健室に来て「自分はみんなから嫌われている」と訴えていました。学級ではまわりの子に対して否定的な言葉を投げかけたり、友だちを避けてみずから孤立したり、トラブルが頻繁に起こっていました。悩んでいた担任と相談し、子ども同士がかかわりを通して認めあえるSGEの演習に継続して取り組みました。徐々にEさんも笑顔で参加できるようになり、学級の状態も良くなってきました。Eさんの保健室来室も減り「みんなと仲良くなれるようにがんばるよ！」と私に手紙をくれました。

SGE（構成的グループエンカウンター）では、課題やルール、時間、グループ人数などが構成された演習を通して、児童生徒一人ひとりに気づきや心の変化が生まれます。それをふり返り、互いに分かちあうことで関係づくりが促進されます。基本的な進め方は、「インストラクション（導入）」→「エクササイズ（課題）」→「シェアリング（分かちあい）」です。演習のなかで今まで知らなかった相手のことを知り、また新たな自分のことに気づき、自他理解が深まります。さらに、まわりの人から否定されない体験をすることによって承認感が得られ、自尊感情が高まり、かかわりの力が育まれます。

▮▮ 第3節 │ 安心して過ごせるふれあいのある関係づくり

関係づくりは、教室にいるすべての児童生徒が取り残されることがないように進めます。支援を要する児童生徒の特性を知り、安心して参加できるための配慮や支援をしていきましょう。

たとえば、注意欠陥多動性障害（ADHD）や自閉症スペクトラム障害（ASD）など発達障害の特性への配慮としては、「活動の見通しをもたせる」、「一指示一動作でテンポよく進める」、「視覚的な情報の提示」、「肯定的な表現で話すこと」などがあげられます。かかわりを苦手とする児童生徒に対しては、「無理をさせない（見ているだけの参加もOKなど）」、「事前にどんなことをやるのか個別にリハーサルをする」、「質問の回答を考えておく」などの配慮で、安心して参加することができるようになります。教師が準備した活動にスムーズに参加で

きる児童生徒ばかりではありません。スキルを身につけていく段階もそれぞれ違います。うまくできる子もできない子も受け入れられる温かい雰囲気のなかで、安心して楽しく取り組んでいきましょう。

　児童生徒の前に立つ教師の態度にも注意が必要です。児童生徒は教師の表情や視線、声のかけ方、必要な支援や配慮などのふるまいをモデリングしていきます。たとえば、教師が発達障害のある児童生徒の不適切な行動に対して、大声で厳しく注意していれば、それを見ているまわりの児童生徒は、そのような時には「大声で厳しく注意すればいい」と学びます。反対に、笑顔で温かい励ましの声をかけ、それぞれの子どもが必要としている支援を行っていればその姿を学んでいきます。児童生徒に対する必要な支援や配慮は、学校生活において当たり前になされ、まわりにも受け入れられるべきものです。学校生活におけるさまざまな場面において、すべての児童生徒が「認められている」、「大切にされている」と感じ、安心して過ごせるふれあいのある関係づくりを進めていきましょう。

　関係づくりに活用できる演習は、『エンカウンターで学級が変わるショートエクササイズ集』（國分, 1999）や『構成的グループエンカウンター事典』（國分・國分, 2004）に多く紹介されています。また、SSTとSGEを組み合わせた、かかわりの力を育てる「スリンプル・プログラム」（曽山, 2019）という方法も実践されています。関心のある方は参考文献をご覧ください。

　〈やってみよう！　演習〉
　発達障害のある子が在籍する学級において、子ども同士の関係づくりに取り組む場合、どのような配慮や工夫が必要でしょうか。各自で考えた後、ペアやグループで意見を交流し、話しあってみましょう。

　| 本章のPOCKET |　子どもとつながり、子ども同士をつなげるための教師の腕を磨く！

（丹羽　友佳）

　〈さらに学びたい人へ〉
・平木典子（2013）. 図解 相手の気持ちをきちんと〈聞く〉技術——会話が続く、上手なコミュニケーションができる！—— PHP研究所

・曽山和彦（2016）．学校と創った　教室でできる関係づくり「王道」ステップ　ワン・ツー・スリーⅡ　文溪堂

〈参考・引用文献〉

小林正幸（2005）．先生のためのやさしいソーシャルスキル教育　ほんの森出版

國分康孝（監修）（1999）．エンカウンターで学級が変わるショートエクササイズ集　図書文化社

國分康孝・國分久子（総編集）（2004）．構成的グループエンカウンター事典　図書文化社

國分康孝（監修）（2008）．カウンセリング心理学事典（pp.94-95）誠信書房

諸富祥彦（2014）．図とイラストですぐわかる教師が使えるカウンセリングテクニック80　図書文化社

曽山和彦（2013）．時々、"オニの心" が出る子どもにアプローチ2──気になる子に伝わる言葉の "番付表"──　明治図書出版

曽山和彦（2019）．誰でもできる！中1ギャップ解消法　教育開発研究所

曽山和彦（2023）．超多忙でも実践できる！スリンプル（スリム＆シンプル）・プログラム──週1回10分の「○○タイム」で「かかわりの力」を育てる──　ほんの森出版

特別支援学校の保健室から見える光景

　電動車椅子を使用しているＣさんは、スクールバスで登校しています。毎朝、バスを降りて教室へ向かう途中、保健室の前で必ず車椅子を止めて「おはようございます。」と挨拶をしていきます。まわりの人に自然に笑顔がこぼれ、和やかな空気が流れます。

　学校では 4 月～6 月は視力検査や聴力検査、内科検診、歯科検診、心電図検査など定期健康診断を行います。慣れない環境で特別な検査機器を使うため、怖がって騒いだり逃げ出したりする子どもがいます。そこで、検診がスムーズに受けられるように事前の説明は具体物や写真などを使って丁寧に行います。時には、私たちが白衣を着て医者や検査技師の真似をして見せたり、ベッドに横になることを練習させたりします。それぞれの障害特性に合わせて、子どもたちの様子を見ながら工夫をして行います。それでも、検査が受けられないことがありますが、担任も私たちも叱ったり無理強いしたりはせず、不安が解消できる方法を考えて気長に対応します。そして、無事に検査が受けられた時には自然に拍手が起こります。

　給食の時間になると、胃ろう（お腹に開けた穴にチューブを通し直接胃に栄養物を流し込む方法）の子どもたちが保健室の隣の医療的ケア室にやってきます。看護師に「おねまーす（お願いします）。」と言って入室し、終わると「あーと（ありがとう）。」と言って教室へ戻っていきます。小さな体で頑張って歩いて教室へ戻っていく後ろ姿は、なんとも微笑ましく頼もしいものです。

　昼休みにふらっと保健室に来室するＤさんは、視力が弱く発語がありません。時々こちらに向かって手の指を使いハンドサインを送ってきます。それが何を意味しているのかまったくわからないのですが、私も真似してみます。すると、指を変えてハンドサインを送り返してきます。なんだかコミュニケーションがとれているような気がして楽しくなります。

　この学校にいる子どもたちの多くは、自分の体のことや感じていることなどを表現することが困難です。保健室に来室した時にも、どこがどんな状態なのか、いつ、どこで、どうしたのかなどがわかりません。私たちはそれぞれの子どもたちのことを知りたくて、イラストや写真を見せたり、ジェスチャーをしたり、伝わる言葉を探したりとあれこれ試行錯誤します。その結果、子どもが"自分のことをわかってもらえた"というような表情を見せてくれた時には、通じあえた喜びでとても幸せな気持ちになれるのです。

（丹羽　友佳）

hapter ...9

発達障害のある子が在籍する
通常の学級における授業づくり

授業づくりの基礎・基本

　授業中、まったくノートをとろうとしない子ども、話を聞いていない子ども、課題に取り組まない子どもがいたら、みなさんはどうしますか？「ちゃんとノートに書こうね」「先生の話を聞いていないとわからなくなるよ」「今、何をするときですか？　課題をやる時間ですね」など、毎時間のように声をかけても一向に変わる気配はありません。子どもはそんなこと言われなくてもわかっているのです。まわりの人と同じようにやらないといけないことぐらい、わかっていてもできないことがあるのです。「困った子」は「困っている子」です。この章を通して、「困っている子」を理解し、どのような支援が必要か一緒に考えていきましょう。

第1節 | 気になる子も溶け込む学習環境づくり

　山本（2005）は、行動分析学（behavior analysis）について、「環境と個人との相互作用のあり方」である人間の行動の法則性を明らかにしようとしている包括的な枠組みであると述べています。行動分析学では、行動の原因を「心の奥底の働き」にあるとは考えずに、「個人とそれを囲む環境との相互作用にある」と考えています。また、人の心を解釈するのではなく、環境に働きかけ、環境を整備することで、環境と個人との相互作用を安定させることができるとしています。環境には人的環境と物理的環境があります。気になる子を取り巻く人的環境とは先生や友だちであり、物理的環境とは教室や教材・教具などです（図9－1）。

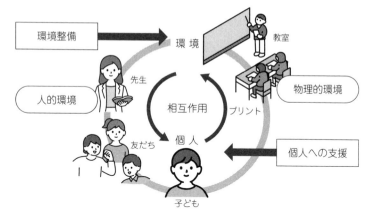

図9－1　個人と環境との相互作用（山本・池田，2005，p.11を参考に作成）

■■■ 1．人的環境を整える

　みなさんはすでに、第7章、第8章で学級づくりや関係づくり、つまり人的環境のなかの主に友だちについて学びましたので、ここでは人的環境としての教師の指導行動について考えていきましょう。

　発達障害のある子が在籍する学級では、教師の適切な支援がないと環境と個人との相互作用がうまくいかず問題行動の悪循環に陥ってしまうことがあります。子どもの成長を支えより良い方向に向かっていくためにも、まず教師が「環境と個人との相互作用」について知っていることが必要です。

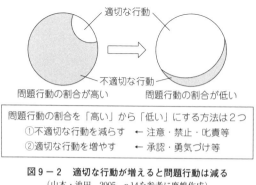

図9－2　適切な行動が増えると問題行動は減る
（山本・池田，2005，p.14を参考に鹿嶋作成）

　左の図（図9－2）は、ひとりの子どもの行動を表しています。問題行動の割合を「高い」から「低い」にする方法は、不適切な行動を減らすか、適切な行動を増やすか、の2つがあります。どちらも同じように感じるかもしれませんが、実は大きな違いがあります。

不適切な行動を減らすには、「できていないこと」に注目し、教師の指導行動は注意や禁止、叱責することになります。逆に、適切な行動を増やすには、「できていること」に注目し、教師の指導行動は承認や勇気づけになります。どちらの指

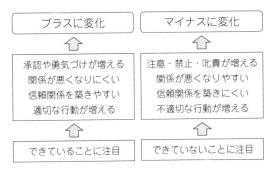

図9-3　教師ができていることに注目するとプラスに変化

導行動が、個人と環境の相互作用のはたらきにより、子どもとの関係性をプラスに変化させるかは一目瞭然です。

　このように子どもの「できないこと」「苦手な行動」だけに注目するのではなく、「できること」「得意な行動」に注目して支援・指導を行うことが、いかに重要であるか理解できるでしょう（図9-3）。

■■■ 2. 物理的環境を整える

　問題行動が起こりにくい環境、誰もが学びやすい環境、学びたくなる環境を整えるにはどうすればよいでしょう。ここでは、応用行動分析学のABC分析（図9-4）をヒントに考えていきましょう。

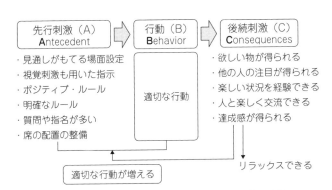

図9-4　ABC分析による問題行動解決シート〔記入例〕
（山本・池田，2005，p.71を参考に一部改変）

表9-1　授業の流れ（板書例）

今日の理科の実験	
1．実験の説明	（5分）
●2．実験（班活動）	（20分）
3．片づけ	（5分）
4．考察（班→個人）	（10分）
5．まとめ	（10分）

図9-5　タイムタイマー

　ABC分析とは、行動の前後の出来事を、3つの要素で分析します。これらの要素は、英語の頭文字をとって「ABC」と呼ばれています。問題行動が起こりにくい環境とは、たとえば、Cの後続刺激に書かれているようなことが起これればよいということになります。つまり、Bの行動として問題行動の代わりに、どのような行動がとれるとよいか、具体的にたくさん書いてみることです。

　「見通しがもてる場面設定」としては、表9-1のように50分の授業の流れについて時間を構造化することで、子どもは見通しをもって授業に取り組むことができます。さらに、いまは1～5のどの活動中なのかがわかるよう、マグネットなどを張ります。時間の経過とともにマグネットも移動させると進行状況が把握でき、より安心して授業に参加しやすくなります。また、視覚的にもわかりやすい指示として、実験やプリント学習などの活動中、残りの活動時間が視覚的にとらえられるようなタイマーを活用したり、机間指導をしながら終わったら何をして待つかを小声で知らせたりすることで、最後まで取り組むことができるようになります（図9-5）。いずれの場合も、本人の集中力に合わせた時間配分や課題を変えるなどの柔軟な対応が大切です。

■■　第2節　気になる子も溶け込む授業づくり

■■■　1．個別の指導計画の効果的な活用

　発達障害のある子への指導・支援の充実を図るためには、個別の指導計画（第5章参照）の効果的な活用を心がけます。個別の指導計画をもとに各教科において、一人ひとりの特性や学びにくさに対応した指導・支援を行うことで、

特別支援教育の視点での個別最適な学びの実現をめざします。

　個別最適な学びについて、学習指導要領では以下のように定義しています（文部科学省初等中等教育局教育課程課，2021，p.8）。

　「指導の個別化」と「学習の個性化」を学習者視点から整理した概念が「**個別最適な学び**」ですが、これを教師視点から整理した概念が「**個に応じた指導**」です。学習指導要領の総則では「児童（生徒）の発達の支援」の項目において、「個に応じた指導」の充実を図ることについて示しています。

　「個に応じた指導」に当たっては、「指導の個別化」と「学習の個性化」という二つの側面を踏まえるとともに、ICTの活用も含め、児童生徒が主体的に学習を進められるよう、それぞれの児童生徒が自分にふさわしい学習方法を模索するような態度を育てることが大切です。

　たとえば、教師の話が聞けない子どもの個別の指導計画の支援内容を確認したところ、「タブレットで板書の写真を撮影し、ノート代わりにしたことで、書く負担を軽減し、子どもが集中して教師の話を聞けるようになった。」と記されていたなら、各教科担当の教師ができる支援は、板書の写真を撮るタイミングを知らせたり、大事なポイントについて個別に確認したりすることです。その結果、子どもは今やるべきことに集中できるようになりました。このように支援内容の情報をもとに、さらなる支援をしてうまくいった場合は、個別の指導計画に加筆し、ほかの教師とも共有することで、その子どもにとって、どの教科でも個別最適な学びが実現できるようになるわけです。

■■■　2．多動的・衝動的な行動への支援

　多動的・衝動的な行動は時と場所を選びません。まずは、その子のペースからこちらのペースに変えることから始めます。勝手にやってしまう、あるいはやめてしまう子には、教師の許可を得ることを習慣づけます。たとえば、授業中、出歩きたくなった時には「教室の外の空気を吸ってきていいですか？」と確認させるとか、課題をやりたくないという要求に対しては、「ここまでやったら（orあと1問やったら）休もうか」と指示するといったように、こちらのペースに変えていきます。また、指示を出したままにせず、「できた」「終わっ

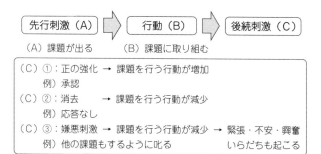

図9－6　適切な行動の安定した出現を支える技法

た」ことを教師が確認し強化をすることで、学び続ける動機へとつながっていきます。強化とは、行動の頻度を高める原理や手続きのことです。

　前述のABC分析をもとに、適切な行動の安定した出現を支える技法（図9－6）について見ていきましょう。（A）課題が出て（B）その課題に取り組めば問題ないのですが、そもそも課題に取り組むことが難しい子どももいます。その子どもに対しどのような支援ができるかが教師の腕の見せ所です。

　高知市内のある中学校では、課題を出しても取り組めていない子どもに対し「1分以内にはたらきかける」ことを続けた結果、課題に取り組めるようになりました。その学校のすべての教師が、1分以内にはたらきかけたことで、今何をやらなくてはならないか、どのように取り組めばよいかなどがわかり、安心して取り組むことができたということです。しかし、これですべてうまくいくわけではありません。（C）①からもわかるように、教師が正の強化をすることで、課題を行う行動が増加します。効果的な正の強化としては次の3つがあります。

> 即時性：適切な行動が出現した直後にすぐに与える
> 多様性：できるだけ多くの種類で与える
> 明示性：本人やまわりにはっきりと伝える

　これらを言葉で伝える際、ほめるのではなく承認の声かけをします。ほめられることが嬉しいからという理由で取り組む場合は、外発的動機づけです。外発的動機づけで取り組む場合、ほめてもらえなくなった段階で取り組まなくな

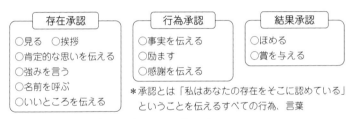

図9-7　「ほめる」ではなく「承認」へ（稲垣, 2010, p.87）

る可能性があります。ゆえに、できるようになることが嬉しいといった内発的動機づけを促進する上でも、ほめる以外の承認の言葉かけがお勧めです（図9－7）。

　こうした言葉で伝える以外に、課題に取り組めたら表にシールを貼るなどすると、自分の頑張りが見え、メタ認知（自分を客観視する力のこと）も促進されます。適切な行動を維持したり、似たような場面でも適切な行動がとれたりするようになるためにも、徐々に強化の割合を減らしていき、強化がなくてもできるよう定着を図ることが大切です。

■■ 3．どこに注意を向けるのかわからない子へ：注意をひくための工夫

　教室にいるといろいろなことが気になるものです。校庭から聞こえてくる声や音、窓の向こうで舞っている蝶、雨や雪も気になります。このような状況で指示をしても通るはずがありません。指示をする際には、まずはこちらに注目させることが大切です。注目させた後、何をするのかを明確に示します。

　筆者が以前勤務していた中学校では、「説明中」と「活動中」の掲示用プレートを使用していました。このプレートを黒板に張ることで、いま何をすべき時間なのか、切り替えがつけやすくなります。たとえば、教師の話を聞く際は、「説明中」のプレートを黒板に張ります。「説明中」のプレートが張られてから話を聞くまでの行動についても、構造化して掲示し、必要に応じて確認しながら定着を図ります。

---

　① 「説明中」のプレートが張られたら、今やっていることをすぐにやめます。
　② 筆記用具や文具類など手に持っているものは机の上に置きます。

③　体ごと前を向き、顔を上げて説明する人の方を見ます。
④　説明中はおしゃべりをしないで話を聞きます。

　また、板書の一部に注目させる際、便利なものが指差し棒です。100円ショップにもいろいろな種類の指差し棒が売られています。ある教師は市販の指差し棒にひと手間加え、オリジナルの指差し棒を使っていました。長さ１ｍくらいの指差し棒の先には小さなミッキーマウスを、その反対側にはフラフープのような輪をつけていました。教師お手製の指差し棒は子どもからも大変人気がありました。ピンポイントで注目させたい時は、ミッキーマウス側で指し示し、図やグラフ、絵など広範囲に注目させたい時は、フラフープで囲います。

■■■ 　４．記憶容量が少ない子へ：指示出しの工夫

　同時に複数の指示を出されても記憶容量が少ないため、抜け落ちてしまう子がいます。そのような子には１回の指示で１つの活動にします。また、抽象的な言葉ではなく具体的に指示します。さらに、一斉指導における個別支援を意識的に行います。たとえば、全体に向けて指示した後、その子のそばに行き「○○さんも□□ですよ」と言葉をかけたり、「これから何をするのか、隣の人と確認しあってください」と、指示した後で復唱させたりすることも効果的です。もちろん、活動が終わるまで次の指示を出さないのは言うまでもありません。

　指示した言葉は消えてしまいます。目で見てわかる指示、たとえば、黒板に書く、個別に指示書を渡すなど、残る指示をすることも大切です。

■■■ 　５．説明を理解する力・手順や方法等を考える思考力の問題
　　　　：説明の構造化

　教師や友だちの説明を理解し、手順や方法等を考えることが苦手な子がいます。今、何をする時かを明確にし、活動を分けて伝えることが大切です。つまり、説明の構造化です。筆者が実際に中学１年生に行っていた宿題の丸つけをする際の構造化は以下の通りです。

①　「これから答え合わせをします。」：はじめに何をするかゴールを伝える。

② 「〇頁を開いて」：どこの答え合わせをするか伝え、開いたことを確認。

③ 「赤ペンを出して丸つけ準備」：赤ペンを持って書く準備ができたことを確認。

④ 「1番の答えは～」：1番の答えの丸つけができていることを確認。

　もし出遅れて、1番の答えに丸つけができなかった場合、途中から丸つけに加わることは彼らにとってはとても難しいことです。だからこそ、活動のスタートをそろえ、1番目の答えの丸つけができていることを確認することが大切になるわけです。さらに2番、3番と進む際、個別に関わりながらそのつど一緒に確認してあげると、途中で諦めることなく、最後まで安心して活動できるようになります。

■■ 第3節　気になる子も溶け込む教師のはたらきかけ
：子どもを変えようとするのではなく教師の指導行動を変える

■■■ 1．指導・支援のための観察記録

　発達障害のある子への対応を「大変だなぁ～」と感じる理由は2つあります。その子の困難さがわからないことと、その子への支援の方法がわからないことです。また、よくわからないまま対応を続けると、表面上の困難さに振り回され、悪循環に陥ってしまうことがあります。不十分な理解による不十分な指導では、その子の行動が変わらないばかりか、ますます悪化していきます。結果、自己肯定感は低下し、二次障害をも引き起こしかねません。

　二次障害とは、もともとの障害である一次障害以外に、なんらかの理由により後天的に発生してくる障害をいいます。とくに、発達障害のある子は、いじめや不登校など、周囲の環境との相互作用によ

表9-2　指導・支援のための観察記録：
複数の場面で観察する（鹿嶋・吉本，2015，p.26）

	うまくできている時	できていない時
場　面		
教　材		
声かけ		
その他		

指導・支援の方法を探る　　困難さの原因を探る

って引き起こされる二次障害に陥りやすいといわれています。二次障害を防ぐには、その子の困難さに寄り添える力とその困難さに応じた指導や支援をする力が必要です。

そこで、その子の行動を複数の場面で観察し、表9－2に記録することで、困難さの原因や指導・支援の方法を探る手掛かりを得ることができます。

■■ 2．蓄積データの活用法

ここからは、蓄積データの活用法について紹介します（図9－8参照）。蓄積データとは、今まで無意識的であった自分の指導行動について、よい結果となったか否かを客観的に分析して、評価、改善していくシステムのことです（鹿嶋, 2016）。授業場面にせよ、生活指導場面にせよ、子どもとのかかわりの瞬間に生じた結果を、教師自身がどのようにとらえるかによって、自分でも気づかないうちに、指導がうまくいく教師、いかない教師に分かれてしまいます。

指示が通らない子どもに対して「何度言ったらわかるの？」と、子どもを変えようとするのではなく、教師自身の指導行動を変えることが大切です。そこで、私たちの指導行動について迷った際、役に立つ考え方としてソリューションフォーカストアプローチの中心哲学における3つのルールがあります（森・黒沢, 2002）。

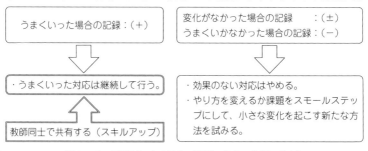

①記録：授業や生活指導、教育相談などの場面での課題に対して行った対応について、具体的（5W1H）に記録する。
②その結果、子どもの行動がどのように変化したか観察し（＋）（±）（－）に分類する。

うまくいった場合の記録：（＋）	変化がなかった場合の記録　　：（±） うまくいかなかった場合の記録：（－）
・うまくいった対応は継続して行う。	・効果のない対応はやめる。 ・やり方を変えるか課題をスモールステップにして、小さな変化を起こす新たな方法を試みる。
教師同士で共有する（スキルアップ）	

図9－8　蓄積データの流れ〔記録→観察・分類→共有〕

> 1．うまくいっているなら、変えようとするな。
> 2．一度でもうまくいったなら、またそれをせよ。
> 3．うまくいかないなら、（なんでもいいから）違うことをせよ。

　このなかでとくに注目してほしいのが3番目です。つまり、うまくいかなかった場合、百発百中をねらうのではなく、数打ちゃ当たるの精神で、これまでやったことのないあらたな指導行動を試行錯誤しながらひたすら試すことこそ、気になる子も溶け込む教師のはたらきかけへとつながることでしょう。

　〈やってみよう！　演習〉（議論・グループワーク等）
　授業のわかりやすい教師の指導行動や教材・教具、授業のルーティンなどについて、みなさんが小学生・中学生・高校生の頃の事例を個人でふり返った後、ペアやグループで「感じたこと・気づいたこと」を伝えあいましょう。

| 本章のPOCKET | 子どもを変えようとするのではなく教師の指導行動を変える |

（鹿嶋　真弓）

　〈さらに学びたい人へ〉
・鹿嶋真弓・石黒康夫（編著）(2018)．問いを創る授業：子どものつぶやきから始める主体的で深い学び　図書文化社
・鹿嶋真弓・石黒康夫・吉本恭子（編著）(2021)．子どもの言葉で問いを創る授業 中学校編　学事出版

　〈参考・引用文献〉
稲垣友仁（2010)．コーチングの3つのスキルを学ぶ承認　児童心理6月臨時増刊（p.87）金子書房
山本淳一・池田聡子（2005)．応用行動分析で特別支援教育が変わる 子どもへの指導方略を見つける方程式（p.11，18，14，21，71）図書文化社
鹿嶋真弓・吉本恭子（編著）(2015)．中学校 学級経営ハンドブック（p.26）図書文化社
鹿嶋真弓（2016)．うまい先生に学ぶ 実践を変える2つのヒント――学級経営に生かす「シミュレーションシート」と「蓄積データ」――（p.22）図書文化社
森俊夫・黒沢幸子（2002)．〈森・黒沢のワークショップで学ぶ〉解決志向ブリーフセラピー（p.22）ほんの森出版
文部科学省初等中等教育局教育課程課（2021)．学習指導要領の趣旨の実現に向けた個別最適な学びと協働的な学びの一体的な充実に関する参考資料 p.8

母国語や貧困等から
生ずる困難さの理解・支援

事例に基づく支援の実際

　本人の意思や努力とは関係なく、通常の学校生活を送ることが困難な子どもたちがいます。その要因として、生まれた環境、文化的な背景、家庭の貧困などがあげられます。また、このような子どもたちを取り巻く社会状況についても課題があります。

　外国人児童生徒で日本語を話すことができない子どもは周囲とのコミュニケーションを円滑に図ることができません。そのために、学校でいじめや嫌がらせを受けることがあります。しかも言葉の壁により学習内容が十分に理解できず、学力を伸ばすことができない可能性もあります。

　また、経済的な理由で集団生活に馴染めない、身なりを整えることができない、身体の発達が不十分である、ゲームの話題に入れない、家庭にインターネット環境がないという子どもたちがいます。さらに、学校生活の思い出となる修学旅行などの行事に参加できなかったり、卒業アルバムを購入することができなかったりする子どもたちもいます。

　本章では、実際の教育現場での具体的な事例を確認しながら、母国語や貧困等から生ずる困難さを抱えている子どもたちへの理解と支援について考えていきましょう。

第1節 | 外国人児童生徒について

1. 日本語指導が必要な児童生徒

　公立小・中学校に外国にルーツをもつ子どもである外国人児童生徒が在籍することは珍しいケースではありません。しかしながら、いくら学級が明るく、楽しそうな雰囲気であっても、言葉が理解できない子どもにとっては、毎日、苦労することが多く、学校に来ることすら苦痛になっていきます。以前から、通常の学級に在籍するこのような子どもたちに対して、授業がない時間帯があ

る教師が簡単な日常語を教えたり、教科書を丁寧に説明したりするなど、取り出し指導を行うことがありました。子どもたちは日本語を覚えるとともに、徐々に日本の学校生活に馴染んでいるように見えました。ところが、中学校卒業後に話を聞いてみると、言いたいことや思っていることを的確に伝えることができないことによるいじめや屈辱感から、帰国したいという思いに駆られたこともあったという声も少なくありませんでした。とくに日本語も母国語も十分に身につけることができていない子どもは、通訳のサポーターによる支援があっても、自分の気持ちを誰にもわかってもらえないということから、精神的に不安定になります。なかには大学に進学して、周囲の温かいサポートに感謝の気持ちをもって大学生活を送っている学生もいます。どの外国人児童生徒もが、このような思いがもてるようになるためには、在籍している学校と教師の支援だけでは困難です。

　現在、文部科学省が、日本語指導が必要な児童生徒の教育の改善充実に資するため、公立小・中・高等学校等における「日本語指導が必要な外国人児童生徒の受入状況等に関する調査」を行っています。この調査結果（図10-1）によると、日本語指導が必要な児童生徒数（2021年度）は58,307人で、前回調査（2018年度）より7,181人増加（14.0％増）しました。内訳として、日本語指導が必要な外国籍の児童生徒数は47,619人で、前回調査より6,864人増加（16.8％増）、日本語指導が必要な日本国籍の児童生徒数は10,688人で、前回調査より317人

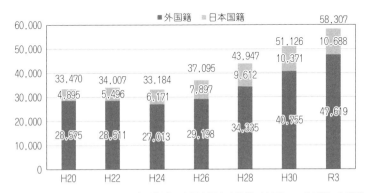

図10-1　公立学校における日本語指導が必要な児童生徒数（外国籍・日本国籍）の推移
（文部科学省，2021）

増加（3.1%増）となりました。さらに、日本語指導が必要な外国籍の児童生徒を言語別にみると、ポルトガル語を母国語とする子どもの割合がもっとも高く、全体の約4分の1を占めています。日本語指導が必要な日本国籍の児童生徒を言語別にみると、日本語を使用する子どもの割合が28.7%でもっとも多く、2番目がフィリピノ語で21.5%でした。このように日本国籍として生まれた子どものなかにも日本語指導を必要とする子どもが多くいます。

■■■ 2．学校と地域・行政の支援

　現在では、行政による外国人児童生徒への支援事業が充実してきていますが、日本で生活していくなかで、さまざまな苦労や辛い思いを乗り越えるためには、「日本の学校に来てよかった」、「この地域で安心して生活ができる」というように感じられる周囲からの手厚い支援も必要です。

　文部科学省（2019）の『外国人児童生徒受入れの手引』にも「学校や教師、周りの子供や親、さらにできれば地域社会がこうした児童生徒のことを理解し、自分の母語、母文化、母国に対して誇りをもって生きられるような配慮が必要」と記されています。各学校において学級担任以外に、管理職、教育相談コーディネーター、養護教諭、スクールカウンセラー、スクールソーシャルワーカー、日本語指導の加配教員、教育委員会の支援事業が、外国人児童生徒のサポーターとしてあげられます。しかし、外国人児童生徒数に伴い加配教員数の差があるなど、自治体によって支援に差が出てきます。そこで、地域にある大学や外国語に堪能なボランティア団体に援助を依頼することも、有効な手立てとなります。

　日本語指導が必要な児童生徒への支援として、名古屋市では、「日本語教育相談センター」が、学校への受け入れ、学校生活への適応や学習の補助のための相談窓口になり、就学に関する相談、日本語指導教室の案内、学校への翻訳者および通訳者の派遣、日本語学習の指導例や教材の提供などを行っています。さらに、日本語がまったく理解できない児童生徒に対しては「初期日本語集中教室」、日常会話ができても、授業で使う言葉がわからない児童生徒のために指導を行う「日本語通級指導教室」を設けています。また、5つの言語（ポルトガル語、スペイン語、中国語、フィリピノ語、韓国語）による学校教育に関わる教育

相談を行っています。

〈事例１：子どもとの関係づくり〉 ペルーから来日、小学校３年生の学級に転入したA
さん（女子）はまったく日本語が話せませんでした。校内の日本語指導教室で授業を受
ける時間以外は、通常の教室で過ごしていました。自分の感情を言葉で表現できず、周
囲の子どもたちとなかなか馴染むことができない孤独な様子でした。ちょうどこの小学
校にはペルーの子どもが４年生と５年生にもいました。そこで、ペルーに旅をした知り
合いをもつ校長は、写真を提供してもらい、ペルーの音楽とともに動画を編集し、この
３人を給食の時間に校長室に招待しました。画像とともにペルーの音楽が流れると３人
は大興奮で、踊り出しました。きっと故郷でもこのようにして過ごしていたのだと思わ
れます。そして風景写真を見て「マチュピチュ！」、「ナスカ！」、「アルパカ！」と口々
に叫んで、とても誇らしげでした。これをきっかけにAさんは、校長室によく顔を出す
ようになりました。校長がAさんに日本語を、Aさんは校長にスペイン語を教えるとい
うふうにお互いにレッスンの先生を務めることにしました。また、上級生の２人は日本
語が堪能で、しかも活発で堂々としていましたので、頼りになる存在になりました。な
お、Aさんは、中学校の英語スピーチコンテストにおいて、市内で最優秀賞に選ばれま
した。小学校転入当初の辛い気持ちを語った内容には、胸が痛みました。

〈事例２：保護者との関係づくり〉 日本語が話せない外国人児童生徒の保護者が学校に
送り迎えに来ることがありました。挨拶だけで終わらずに、待ち時間に、保護者の母国
の文化や音楽についての話題で会話をすることにしました。フィリピン、中国、ペルー、
ブラジル、バングラデシュなど、母国が多岐にわたりましたので、最初は簡単な英語で
声をかけていました。お互いにたどたどしくとも、少しずつ会話が弾むようになりまし
た。
　保護者が参加する大きな行事である運動会や卒業式では、可能なかぎり、在籍する外
国人児童生徒の言葉も使いました。運動会では競技中のアナウンスを外国人児童生徒に
担当させ、日本語と母国語で説明を行うようにしました。卒業式の式辞の最後の保護者
への感謝の言葉の部分は、在籍する外国人児童生徒のすべての母国語で述べました。フ
ィリピンをルーツとする児童生徒の保護者が式後に次々と「上手でした！」、「ありがと
う！」とお礼の言葉をかけてくれました。保護者との会話を心がけることにより、保護
者の本音がわかることがあります。ブラジルの保護者と話をしていた時に「これまで学
校の先生方からの連絡は、ほとんど集金の話でした」という不満を聞くことができまし
た。日本語とポルトガル語の簡単な翻訳くらいならできるので、困った際には連絡して
ほしいという協力を得ることができました。

■■ 第2節 | 貧困家庭の子どもたちについて

■■■ 1．貧困家庭の児童生徒

　「子どもの将来がその生まれ育った環境によって左右されることのないよう、貧困の状況にある子どもが健やかに育成される環境を整備するとともに、教育の機会均等を図るため」に、子どもの貧困対策を総合的に推進することを目的とする「子どもの貧困対策の推進に関する法律」が2014（平成26）年に施行されました。

　しかし、学級のなかには、いつも同じ服を着ていたり、学習用具などが不十分であったり、破損していたりする子どもがいます。学級の子どもたちが夢中になっているゲームやマンガなどの話題に入ることができず、集金を持ってこないため注意されたり、不潔であるとほかの子どもから避けられたりするうちに、欠席しがちになります。さらに本人が希望しても学習塾に行けず、習いごともできず、高校や大学への進学を諦める子どもがいます。朝ごはんが食べられず、午前中ボーっとしていたり、日々のストレスがたまり、欲求不満からトラブルを起こしたりすることもあります。

　家庭の貧困によるさまざまな困難が、子どもに影響を及ぼしています。湯澤（2016）は、子どもの貧困について「子どもが経済的困窮の状態におかれ、発達の諸段階におけるさまざまな機会を奪われた結果、人生全体に影響をもたらすほどの深刻な不利を負ってしまうこと」としています。

　そして貧困には、「絶対的貧困」と「相対的貧困」があります。前者は人間として最低限の生存を維持することが困難で、食べ物がなく飢える、病気になっても必要な治療を受けることができないといった、生活全般において低水準な状態です。後者は、その国の一般的な文化水準や生活水準と比較して困窮した状態です。さらに、「相対的貧困率」とは、所得分布の中央値の50％を貧困線として、これに満たない所得しか得ていない者の割合のことです。厚生労働省の「2022年国民生活基礎調査」（図10-2）によると、2021（令和3）年における相対的貧困率は15.4％、17歳以下の「子どもの貧困率」は11.5％です。

　また、「大人一人の世帯の貧困率」は44.5％であるため、ひとり親世帯の子どもの生活がとくに厳しいことがわかります。経済的にゆとりがないため学習

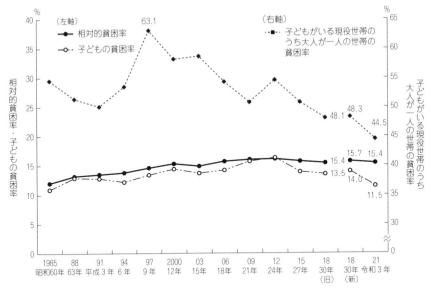

注：1）貧困率は、OECDの作成基準に基づいて算出している。
　　2）大人とは18歳以上の者、子どもとは17歳以下の者をいい、現役世帯とは世帯主が18歳以上65歳未満の世帯をいう。
　　3）等価可処分所得金額不詳の世帯員は除く。
　　4）1994（平成6）年の数値は、兵庫県を除いたものである。
　　5）2015（平成27）年の数値は、熊本県を除いたものである。
　　6）2018（平成30）年の「新基準」は、2015年に改定されたOECDの所得定義の新たな基準で、従来の可処分所得から更に「自動車税・軽自動車税・自動車重量税」、「企業年金の掛金」及び「仕送り額」を差し引いたものである。
　　7）2021（令和3）年からは、新基準の数値である。

図10－2　相対的貧困率・子どもの貧困率の推移（厚生労働省，2022）

塾や習いごとに通えず、自宅に学習環境も整っていなければ、そうではない子どもとの間には学力差が出てくると考えられます。

　阿部（2016）は、「最低限の学力が身に付いていないことは、子どもの将来の選択肢を制限するだけでなく、学校生活の困難や、自己肯定感の低下をもたらし、現在の子どものウェル・ビーイングにも負の影響を与える」としています。このように、貧困家庭の子どもが教育の機会を与えられず、学力や意欲が低下したり、心身の健康を損なったりすることにより、次の世代も貧困になってしまうおそれもあります。それだけに、学校現場においても、子どもの貧困についての意識と対応が必要です。まずは、教職員ができる支援とは何かをスクー

ルソーシャルワーカー（以下、SSW）のような専門家と検討することが、子ども
を支援していくことの第一歩になります。

■■ 2．学校と地域・行政の支援

　学級担任は、身なりが整っていない子どもや貧困のため周囲の子どもがもっ
ているものを買ってもらえない子どもへの配慮を怠ることはなくとも、子ども
の貧困による影響について追求することは、これまであまりなかったかもしれ
ません。現在、大学の教職課程で必修化された特別支援教育に関する科目のな
かで、「母国語や貧困の問題等により特別の教育的ニーズのある幼児、児童及
び生徒の学習指導上または生活上の困難や組織的な対応の必要性を理解してい
る」ことが目標に掲げられていますので、「子どもの貧困」についての教師の
理解は、以前より深まっていると思われます。

　しかし、盛満（2019）は、貧困問題は「『見ようとしなければ見えない』こと
が特徴」のため、「貧困問題の支援拠点として学校が十分に機能するためには、
教職員を中心とする学校関係者が子どもの貧困問題について理解し、貧困家庭
の実態を知ることが何より重要である」としています。さらに、「学校にしか
できないこと、学校だからできること」として、「学力保障やキャリア教育、
連携の要など」のほか、学校の使命として「『子どもたちにとって安心・安全
な居場所』となること、『安心してつながり合える空間を作り出すこと』が何
よりも重要である」としています。したがって、貧困の子どもたちに対して学
校にできることは何であるか、一人ひとりの教職員が意識することが、子ども
たちを守り、育てることにつながるのではないでしょうか。

　2014（平成26）年には、「子供の貧困対策に関する大綱」が閣議決定され、学
校をプラットホームと位置づけた教育支援として「少人数の習熟度別指導や放
課後補習等のきめ細やかな指導による学力向上、福祉関係機関等との連携窓口
との役割など」があげられています。教育支援のなかでも、政府が重点施策と
しているのがSSWの配置拡充です。

　SSWが中心となった連携事業について、内閣府（2023）の「令和4年度『潜
在的に支援が必要な子供や家庭を把握しアウトリーチ支援につなぐための連携
体制等に関する調査研究』報告書」で、横浜市の4か所の学校教育事務所に、

SSWを配置・活用した事例を紹介しています。SSWは「各々10校程度を担当して巡回し、学校側からの相談や自らの観察により支援が必要なこどもを把握」、「学校や他機関と連携して支援」にあたっているということ、そして、SSWと連携しているNPO等民間団体（こども食堂や学習支援の団体、フリースクール、コミュニティカフェ等）と子どもや保護者をつなぐ場合、はじめはSSWが同行することが多いということ、また、虐待や貧困、不登校といったケースでは、「民間団体と連携して対応することが比較的多く、どのような支援が適切であるのか、随時行うケース検討会議で検討・判断している」ことをあげています。このようにSSWが貧困の子どもの支援を担っている事例からも、各学校においてSSWとの連携を大切にして、子どもの実態に即したSSWの活用方法を考えていくことが責務になっているといえます。

　また、内閣府（2023）による「生活困窮世帯を含む子育て世帯に必要な支援を届ける方策に関する事例集」では、宮城県のひとり親支援施策をまとめた冊子である「ひとり親家庭支援ほっとブック」、「たかまつ ひとり親家庭サポートネット」と名づけられている高松市在住のひとり親家庭の保護者をサポートするサイト（takamatsu-rakko.net）、SNSを活用した「静岡県ひとり親あんしんLINE相談」が紹介されています。これらは、貧困家庭のなかでも、とくに厳しい生活状況にあるひとり親家庭への支援についての理解を深めるための参考事例になります。なお、子どもの貧困対策については、2023（令和5）年4月1日より、内閣府からこども家庭庁に管轄が移管されました。すべての子どもが夢や希望をもつことができる社会づくりをめざす貧困対策の取り組みが期待されます。

〈事例3：先生チーム結成〉授業後、運動場で子どもたちの民間のサッカー教室が始まると、校長室の外から「ドン」というボールを校舎にぶつけるような音がしてきました。小学校4年生のBさん（男子）がボールを校舎の壁の低いところをめがけて上手に蹴っていました。担任に聞いてみると、「サッカー教室は有料のため参加できないBさんは、運動場の周囲を利用してひとりで練習をしている」とのことでした。つぎにボールを蹴る音がした時、「毎日、頑張っているね」と声をかけました。Bさんは少しはにかみつつ、嬉しそうに頷きました。Bさんの蹴っていたボールの表面はボロボロの状態で、運動靴もかなり傷んでいました。そして、運動場ではサッカー教室がグループ練習をしたり、紅白試合を行ったりしていました。Bさんは友だちの練習をどんな気持ちで見てい

たのでしょうか。そこで、教頭に相談をしてみると、サッカー教室のない日に、先生チーム対子どもチームで対抗試合をするという提案をしてくれました。Bさんが参加できるようにチーム編成もしました。週1回程度でしたが、Bさんが対抗試合のある日を楽しみに登校するようになりました。中学校では部活動に入って、レギュラーをめざすと話していました。

〈事例4：地域の見守り〉学校サポーターを兼任している2人の民生委員から、週1回、「空き教室」を使いたいという要望がありました。そのきっかけとなった出来事は、2人が授業を終えた子どもたちの様子を見るために、集合住宅が何棟もある校区内をパトロールしていた時のことです。校区内には、ごみを集積するためのいくつかのストックヤードがありました。そのストックヤードで宿題をしている子どもがいたそうです。家のなかに入れない家庭の事情があったそうで、このような子どもたちのために宿題をはじめとする学習をみてあげたいとのことでした。そこで、民生委員と校長、教頭、教務主任の協力体制で「一緒に勉強する子、集合！」という週1回開催する学習教室への呼びかけを子どもたちにしました。塾、習いごと、スポーツ教室などに通っている子どもたちを除き、参加者は20名程度いました。民生委員が声をかけた子どもも毎回、顔を出していました。算数と国語のプリント学習や宿題が中心でしたが、楽しげにすぐに机に向かっていました。民生委員の気づきとアイディアにより、塾や習いごとに通えない子どもたちの明るく頑張る様子を見ることができました。

〈やってみよう！ 演習〉
　子どもたちが楽しそうに過ごす学級のなかに、日本語が話せない外国人児童が転入してきて、教室でぽつんとしている時、学級担任としてどのような声かけをしますか？ グループで話しあってみましょう。

本章のPOCKET　学校と地域で支えよう！ どの子どもたちもが幸せになれるように

（勝田　拓真）

〈さらに学びたい人へ〉
・阿部彩（2008）．子どもの貧困——日本の不公平を考える——　岩波書店
・阿部彩（2014）．子どもの貧困Ⅱ——解決策を考える——　岩波書店
・松岡亮二（2019）．教育格差——階層・地域・学歴——　筑摩書房
・中村高康・松岡亮二（編著）（2021）．現場で使える教育社会学——教職のための「教育格

差」入門——　ミネルヴァ書房

〈参考・引用文献〉
阿部彩（2016）．子どもの貧困指標の提案　松本伊智朗・湯澤直美・平湯真人・山野良一・中嶋哲彦（編著）「なくそう！子どもの貧困」全国ネットワーク（編）子どもの貧困ハンドブック　かもがわ出版
厚生労働省（2022）．2022（令和4）年　国民生活基礎調査の概況
　　https://www.mhlw.go.jp/toukei/saikin/hw/k-tyosa/k-tyosa22/index.html（最終閲覧：2023.9.30）
厚生労働省（2022）．子どもの貧困への対応について
　　https://www.mhlw.go.jp/content/12501000/000974950.pdf（最終閲覧：2023.9.30）
こども家庭庁（2023）．こどもの貧困対策
　　https://www.cfa.go.jp/policies/kodomonohinkon/（最終閲覧：2023.9.30）
文部科学省（2019）．外国人児童生徒受入れの手引　改訂版
　　https://www.mext.go.jp/a_menu/shotou/clarinet/002/1304668.htm（最終閲覧：2023.9.30）
文部科学省（2021）．日本語指導が必要な児童生徒の受入状況等に関する調査
文部科学省（2022）．日本語指導が必要な児童生徒の受入状況等に関する調査
　（令和3年度）
　　https://www.mext.go.jp/b_menu/houdou/31/09/1421569_00004.htm（最終閲覧：2023.9.30）
盛満弥生（2019）．子どもの貧困と教師　佐々木宏・鳥山まどか（編著）松本伊智朗（編集代表）シリーズ子どもの貧困③教える・学ぶ——教育に何ができるか——　明石書店
諸富祥彦（編集代表）黒沢幸子・神村栄一（編）（2022）．速解チャート付き教師とSCのためのカウンセリング・テクニック4保護者とのよい関係を積極的につくるカウンセリング　ぎょうせい
名古屋市教育委員会事務局指導部指導室（2022）．日本語指導が必要な児童生徒への支援
　　https://www.city.nagoya.jp/kyoiku/page/0000124191.html（最終閲覧：2023.9.30）
内閣府（2013）．子どもの貧困対策の推進に関する法律
　　https://www.mhlw.go.jp/web/t_doc?dataId=82ab3418&dataType=0&pageNo=1（最終閲覧：2023.9.30）
内閣府（2019）．子供の貧困対策に関する大綱～日本の将来を担う子供たちを誰一人取り残すことがない社会に向けて～
　　https://www8.cao.go.jp/kodomonohinkon/pdf/r01-taikou.pdf（最終閲覧：2023.9.30）
内閣府（2023）．生活困窮世帯を含む子育て世帯に必要な支援を届ける方策に関する事例集
　　https://www8.cao.go.jp/kodomonohinkon/pdf/shien_jirei.pdf（最終閲覧：2023.9.30）
内閣府（2023）．令和4年度『潜在的に支援が必要な子供や家庭を把握しアウトリーチ支援につなぐための連携体制等に関する調査研究』報告書
　　https://www8.cao.go.jp/kodomonohinkon/chousa/r04/pdf-index.html（最終閲覧：2023.9.30）
湯澤直美（2016）．子どもの貧困を定義する　松本伊智朗・湯澤直美・平湯真人・山野良一・中嶋哲彦（編著）「なくそう！子どもの貧困」全国ネットワーク（編）子どもの貧困ハンドブック　かもがわ出版

「通常の学級で出会った忘れえぬ子ども」：通常の学級に在籍していた場面緘黙の生徒

　私が出会った忘れえぬ子どもは、中学校で学級担任をしていた時のＣさん（中3男子）です。Ｃさんは勉強が苦手なところがありましたが、授業に出ることには抵抗がなく、いつもにこやかに学級で過ごしていました。ただ、場面緘黙で学校ではみずから言葉を発することはありませんでした。授業では、グループ活動でも会話はしません。ただただ、にこにこしているだけです。

　昼の休憩時間に卓球に誘うと、嫌がることもなく、クラス内で消極的で大人しい生徒とゲームに取り組んでいました。にこにこと打ち返し、たまに「あっ！」とか「えっ！」という声は発しますが、言葉になるようなことはありませんでした。

　卓球を始めて何日か経過して、リラックスした雰囲気のなかであれば、Ｃさんもコミュニケーションがとりやすいのではないかと考えることもありましたが、なかなか言語交流はできませんでした。ゲーム中、どうすればＣさんが言葉を発するのか方策が浮かびませんでした。まったくの偶然ですが、Ｃさんを少し笑わせてみようと思い、卓球台の下に身を隠し、いきなりサーブをしたり、「天井サーブ！」と叫んで、球を高く放り上げてからサーブしたりしてみました。そうすると、Ｃさんは「ずるい！」とか「まー、いかん（ダメ）」と短い言葉ですが、感情込めて発していました。この日の様子から、もう少し学級の雰囲気にも慣れてくれば、徐々に話をすることができるのではないかと期待をしていました。

　しかし、1学期末になり、もうすぐ夏休みという頃になっても、あまり変わることはありませんでした。2学期には体育大会や文化祭など大きな行事がありますが、相変わらずにこにこしていても話すことはありませんでした。学級の生徒は、話しかけても返答はしてもらえないため、少しずつ距離をとるようになってきました。

　3学期、社会見学に出かけた日に、ベンチに腰掛けていたＣさんを見ながら「何を考えているのかな」と思った瞬間、突然、Ｃさんが「先生、ずっと立っていたら疲れるやろう、ここに座ったら」と、驚くくらいしっかりとした声を出しました。これまで言葉には出さなくても、優しい心をＣさんがもち続けていたことを確信しました。

　Ｃさんとの出会いは、この後、私が特別支援教育をより深く学ぼうとするきっかけになりました。

（勝田　拓真）

保護者との連携

カウンセリング理論・技法を活用した相談の進め方

　障害のある子どもをもつ保護者の多くが「育てにくさを感じてきました」と語ります。サポートが不可欠な子ども、公共の場で大声を出す子ども、こだわりが強く周囲に合わせられない子どもを、あたかも親の教育やしつけがなっていないように周囲から見られ、時には苦情や意見を言われることもある。子どもに教えようとしても、うまく伝えられない。——保護者は、このような経験のなか自分を責めていたり、親としての自信を失ったり、子どもの将来が不安になっていたりすることもあります。そのため、学校においても、教師と話しあうことに消極的であったり、逆に「子どものことは学校にお願いしたい」と依存したりする場合もあるでしょう。

　特別支援教育において、学校と家庭の連携は欠かせません。安心できる関係性を築く相談の進め方について、基本的な考え方を学んでいきましょう。

第1節 | 安心できる関係をつくるために

　保護者との連携に欠かせないのは「安心できる関係」です。不安なこと、困っていることを率直に話しあうことができ、子どもにとって何が大切であるのか、今できることには何があるのかを一緒に考えていける、安心できる関係が築けるとよいでしょう。

　そのために必要なのがコミュニケーション（Communication）です。コミュニケーションの語源はCommunis（共有する）であり、共有するためには「情報の交換」だけではなく「情動の交換」が大切です。情報（事実、考え）のやりとりだけではなく、保護者の気持ちや心の様相をわかろうと寄り添いながら話し合えるとよいでしょう。

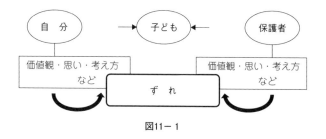

図11－1

■■ 1.「価値観のずれ」を「関係性のずれ」にしないために

　私たちは、それぞれに価値観があります。価値観が違うことは対立ではありません。これまで生きてきた環境や経験、世代や文化などによって価値観が異なるのは当然といえるでしょう。しかし、私たちは無自覚のうちに「自分の考えが正しい」「これが常識」と思いがちです。

　たとえば、教師は「チャレンジできる子どもになってほしい。転んで痛い思いをしたとしても怪我にならなければ大切な経験になる」と考えているとします。この時、保護者が会話のなかで「子どもに失敗させたくない。痛い思いをさせたくない」と語ると、教師としては「それは子どものためにならない」「考えを変えてほしい」と感じるかもしれません。それをそのまま言葉や態度に表すと、保護者の反発や不信感を招くかもしれません。「価値観のずれ」が「関係性のずれ」になってしまうからです（図11－1）。

　「価値観のずれ」を感じたら、まずは保護者の考えや思いを確認してみましょう。「子どもに失敗させたくないとお考えなのは、何か思いや理由がおありですか？」などと聴いてみるのです。すると保護者は「以前、子どもが自転車で転んで怪我をしたことがあり、それ以降チャレンジすることを極端に怖がるようになった。最近やっと少しずつ気持ちも回復しているので、また失敗したらと思うと……」などと理由を語ってくれるかもしれません。保護者の思いのなかに共感できる部分を見つけたら「チャレンジするのが怖くなってしまうのを心配されていらっしゃるのですね」などと受け止めましょう。

　そして「今、お子さんにとって大切なことは何でしょうね」と**子どもの視点**で具体的に話しあうのです。保護者と教師は、価値観が異なっても子どもの成長や幸せを願う気持ちは同じです。保護者と教師の真んなかにいる「子ども」

の視点に戻して話しあうことができると折りあいがつけやすくなります。子どもの視点で考えてみることで、保護者は「子どもが『チャレンジしてよかった』と感じられるといいな。失敗しないことより、小さなチャレンジを積み重ねていくことが大切だな」などと新たな視点を見つけやすくなります。教師も、子どもに恐怖心があることを知ることで、より配慮や工夫をしながら関わることができます。

■■ 第2節 | 傾　　　聴

　「ずれ」を確認するためにも必要なことが「聴く」ことです。事柄だけではなく気持ちを聴くことが大切です。このような聴き方を「傾聴」といいます。
　傾聴とは、相手の話や気持ちをあるがままに受け入れ（受容）、相手のありように添いながら聴く（共感）ことです。
　人の心は、さまざまな気持ちが混ざりあっています。言葉になっているのは気持ちの一部分でしかありません。「私は悲しい」と語る時も、心のなかはさみしさ、落ち込み、不安、孤独感、自分を責める気持ちなど、言葉にはならないさまざまな感情が混ざりあっているものです。傾聴は、このような混沌とした、言葉になっていない部分も含めた心の状態をそのまま、あるがまま分かろうとする聴き方であり態度です。

■■ 1. 受　　　容

　聴き手は自分の価値観を横に置き、話し手の身になり、「このような気持ちなのですね」とあるがままを認める態度で聴いていきます。肯定・否定はせずに、話し手の思いをそのままに受け止めていくのです。たとえば、「私はよい母親ではありません」という保護者の言葉に対して、肯定は「本当にそうですね」となり、否定は「そんなことはありませんよ」となりますが、受容は「（ご自身のことを）よい母親ではないと感じていらっしゃるのですね」となります。
　ひとりで思い悩んでいる時に「私はよい母親ではない」という思いが湧くと、頭の方からは「しっかりしろ」「クヨクヨするな」と叱咤が始まったり、自分を責める気持ちが出てきたりするかもしれません。すると、つらい気持ちはま

すます大きくなり、つらさが続くと心は疲弊してきてしまいます。

　しかし、聴き手に肯定・否定をされずにそのままを受容してもらえると、受容してもらえたことを通して、話し手は自分の気持ちを受容することが可能になります。受容できると感情は落ち着きます。そして、現実（事実）に目を向け「これからどうしていこうか」ということを自分らしく検討することができるようになります。

■■■ 2．共　　感

　さらに、保護者の身になって、共感しながら聴くことができるとよいでしょう。聴き手に共感してもらうことで話し手は、安心して語ることができ、自分の気持ちを改めて実感することができます。

　共感とは、話し手の私的な世界を、あたかも自分自身のものであるかのように感じ取ることです。しかも、この「あたかも～のように（as if……）」という性質を失わないようにすることが大切です。共感しながらも、同一化しないようにします。心からの共感とともに「それは大変でしたね」「つらいですね」「ご心配でしたね」などの言葉を伝えたいものです。

■■■ 3．傾聴のための技法

（1）アイ・コンタクト

　正面ではなく90〜120度くらいの角度をもって着席します。そして、やさしい眼差しで目を合わせましょう。体も相手に向けます。目を合わせ続けてつらくなったときは、長めのまばたきをして少し休み、また目を開けることをおすすめします。上や横に逸らしたり、時計を見たりすると、別のことを考えているように誤解されてしまうため注意しましょう。

（2）うなずき、あいづち

　「はい」「ええ」などと声を出しながら、うなずき、あいづちをうちましょう。心を込めて聴いていると、よいタイミングでうなずき、あいづちがうてるでしょう。話し手にとっては、話しやすさにつながります。

（3）待　　つ

　相談場面は、日常の会話とはペースが異なります。保護者が子どもについて

語る時、どこから、どこまで、どんな言葉で語ったらよいか、迷いながら言葉にすることもあるでしょう。保護者のペースで話せるように、言葉を待ち、気づきを待ちます。「プレゼンス（しっかり心を込めてそこに居ること）」が大切です。

（4）ミラーリング

表情、声のトーン、話す速度など、相手と鏡合わせになるように関わっていきましょう。相手をまねるのではなく、表情や感情、雰囲気、ペースなどを相手と合わせる意識がもてるとよいでしょう。心をこめてしっかりそこにいながら感じながら（プレゼンス）ミラーリングすることが大切です。

ミラーリングは人間の本能でもあります。話や関係が深まってくると、自然と話し手も聴き手の鏡になります。聴き手が、ていねいに感じ、言葉にし、受容していると、話し手もていねいに感じ、言葉にし、受容し始めることがあります。

（5）くり返し、伝え返し

話し手の言葉や話した内容を、そのままの言葉でくり返す技法です。「大切だと思われる言葉」「何度も使っている言葉」「話の要点」などを、そのままくり返します。日常会話では「そうだったのですね」などの言葉で返すことがありますが、相談場面では、相手が使った言葉をくり返します。話し手は、自分の言葉と感情が返ってくると、自分自身をより実感でき、大切なことに気づくことがあります。また、自分の発した言葉が自分の感情とぴったり合っているかを照合することができ、よりぴったりな言葉が見つかると、深い実感となったり自己理解が深まったりすることもあります。

さらに、話し手の気持ちを受け取り、受け取った気持ちを、言葉に乗せて返すことを「伝え返し」といいます。表面的には言葉を返すのですが、実際には「感情を返す」のです。言葉だけではなく感情も返ってくると、話し手は気づきを得たり、あらたな展開につながることがあります。

（6）私メッセージ

教師（聴き手）が保護者（話し手）に伝えたいことがある場合は「私メッセージ」を使いましょう。私メッセージとは、私を主語にした言い方です。一方、あなたを主語にした言い方を「あなたメッセージ」といいます。

たとえば、保護者に「お母さん、お子さんの話を聴いてあげてください」

（あなたメッセージ）と伝えると、保護者は批判されたような、責められているような気持ちになるかもしれません。それよりも、私メッセージで「お子さんはお母さんに話を聴いてもらいたいのだな、気持ちを受け止めてもらいたいのだなと感じます」などと伝える方が保護者は受け取りやすいと考えられます。

さらに、私メッセージの後に「いかがでしょうか？」「どうでしょうね」などを加えることもおすすめです。保護者の気持ちを確認しながら、一緒に考え話を進めていくことができます。

◼️◼️◻️ 第3節 │ 相談におけるかかわりのポイント

保護者の多くは「先生の意見を言ってほしい」という気持ちよりも、「私（子ども）の気持ちをわかってほしい」という気持ちがあるようです。「どう伝えるか」より「どう聴くか」ということが求められています。

大切なことは、面接の最後に保護者が「今日は、先生と話せてよかった」と思っているかということです。そのため、保護者との面接において、解決しなければならない問題がある時でも、面接の目的は「関係づくり」と心がけましょう。保護者に寄り添う時「どう解決するか」「どう対応するか」よりも「どう理解するか」が大切です。

◼️◼️◼️ 1. 面接を設定する

教師から保護者に面接を申し出る時は、目的を伝えましょう。「最近の学校での様子をお伝えしたいので」「夏休みのお家での様子をお聞きしたいので」などです。ただ「お話したいことがある」と言われると、保護者は「何の話だろう」と疑心暗鬼になり面接までにすっかり防衛的になってしまうこともあります。保護者が安心して面接に向かうために「目的」を伝えられるとよいでしょう。

また、面接の日時を伝える際は、始まりの時間だけではなく「何時から何時まで」と終わりの時間を伝えたいものです。面接時間は60分ほどがおすすめです。終わり時間の10分ほど前になったら「あと10分ほどでお時間になるのですが」と一言伝えると終わりに向かいやすくなります。

■■■ 2.「子どものいいところ」を伝える

　面接のスタートで、①あいさつ（例：こんにちは）、②労い（例：暑いなか、ありがとうございます）を伝えたら、③子どもについてのプラスのメッセージ（子どもの「いいところ」「頑張っているところ」「できるようになったこと」など）を伝えることができるとよいでしょう。こうしたメッセージを教師から伝えられると、保護者は「先生は子どものことを理解してくれている」「先生と一緒に子どもを育てることができてよかったな」と感じるようです。

■■■ 3.「悩み」と「目標」を共有する

　保護者と教師は「"悩む保護者" と "導く先生"」という関係性ではなく、一緒に悩み目標に向かう関係性であることを心がけましょう。ひとりで悩むのではなく、ふたりで悩み考えていくことが安心感につながります。

　また、保護者が悩みを抱え不安になると子どもも不安になることが多くあります。保護者が子どもに対して「あれもできない、これもできない」と不安や焦りがある時には「今は、これを目標にしましょうか」と1つずつ決めて共有し、取り組むことができるとよいでしょう。

■■■ 4.保護者の取り組んでいることを応援する

　教師は保護者とともに子どもを支えながらも、「保護者と子どもの関係性を支える」視点も大切です。保護者が子どもへのかかわりにおいて心がけていることや取り組んでいることは、その頑張りを理解し肯定したいものです。

　もしも、保護者の取り組みが、子どもにそぐわないと感じる時には、冒頭に述べた「ずれの確認」をします。「お母さんが、お子さんにそのように望まれるのには何か思いや理由がありますか？」と聴いてみて、その思いのなかに理解や共感ができる部分を見つけられたら、それを実現するために「子どもにとって今大切なことは何だろう」と一緒に考えていきます。

■■■ 5.障害の正しい理解を

　情報不足や情報過多は不安につながることがあります。同じ障害でも、子どもによって抱えている傾向や課題が異なることもあります。正確ではない情報

もあり、翻弄されていることもあるでしょう。必要に応じて、情報を共有し話しあいましょう。本や相談機関を紹介することもよいでしょう。

　子どもの性格や特性、抱えている悩みや課題、困っていることなどを保護者と一緒に理解し共有すること。その上で、その子どもに合ったかかわりや環境を学校と家庭で整えることで、子どもの経験や発達を支えることができます。

■■■　6．保護者にアドバイスをする時のコツ

　アドバイスの目的は、希望の供給であり元気の回復です。そのため、保護者が「それなら、できそうだな」「やってみよう」と思えるアドバイスをめざします。

　そのために必要なのは、まずは保護者の話をていねいに聴くこと。そして、「教師から見て保護者に必要なこと」ではなく、「保護者ができそうなこと・したいと思いそうなこと」の視点でアドバイスを考えて伝えます。「いかがでしょうか？」と保護者に話を戻して気持ちを言葉にしてもらうことで行動につながりやすくなります。

■■■　7．肯定的な表現を使う

　同じ内容を伝える時にも「肯定的な表現」と「否定的な表現」があります。「校門の前に車は止めないでください」より「車はあちらに止めてください」、「荷物は下に置かないでください」より「荷物はここに置いてください」のように肯定的な表現の方が伝わりやすく、行動に移しやすいと考えられます。また、「今日も授業中走り回っていた」など「〜も」「また〜」「〜しか」のような否定的なニュアンスの言葉も気をつけたいものです。

■■■　8．具体的な表現を使う

　「ちょっと」「ちゃんと」「様子をみる」「大丈夫（ですか）」などは、人によって理解が異なることがあります。「ちょっとお時間いただけますか？」よりも「30分ほどお時間いただけますか？」、「（最近、道路に飛び出すことがあったので）気をつけてあげてください」より「手をつないであげてください」などの具体的な表現の方がサポートにつながります。

（1）「困った子ども」ではなく「困っている子ども」の視点で伝える

　「Aくんは思うようにできないと癇癪を起して暴れるのです」という表現よりも、「自分の思いを表現することが思うようにできない時に、Aくんはつらくなるようです。言葉にできない気持ちは癇癪となって表出するしかなくなるのですね。Aくんもつらいのではと心配しています」という表現の方が保護者は受け取りやすいでしょう。

　このような「子どもの視点（困っている子どもの視点）」で伝えると、「子どもにとって今大切なこと」を保護者と一緒に検討しやすくなります。「気持ちを言葉で表現できると、癇癪を起こさずに済むようになると思います。Aくんのペースで気持ちを語ることができるよう、Aくんの発言をせかさず、ゆっくり待つことができたらいいなと思います。ご家庭と学校とでAくんを支えていきましょう」などと話しあうことができるかもしれません。

（2）心がついてこられるように話す（対話になるように話す）

　言いにくいことを伝える時、学校で起きた出来事について経緯を伝える時などは、一方的に（一気に）話すことがないよう心がけましょう。一気に説明をされると、保護者は話の内容を頭で理解できていても、心がついてこられなくなります。すると「うちの子どもだけが悪いのですか！」などと怒りや不安などの感情が出てくる可能性があります。

　そのために、教師から保護者に話をする時には、間を空けながら話しましょう。保護者が「そうなのですね」と声を出し、対話しながら話を進めていくと、保護者の心もついていきやすいでしょう。必要に応じて保護者の気持ちを確かめる声かけをするのもよいでしょう。

　私たちはみな、自尊心を持っています。自分を大切にしてほしい、わかってもらいたい気持ちがあります。保護者や子どもにとって「先生」は大切な存在です。大切だからこそなおさら保護者は教師に、子どもや自分を大切にしてほしい気持ちがあるでしょう。教師が保護者の気持ちを分かろうとしながら寄り添い耳を傾ける時、保護者は教師や学校への信頼や安心を感じることができると考えられます。

　「安心できる関係」を築くには、まずは自分が安心できていることが必要で

す。そのためにも、教師は、自分を労い、心と体を大切にする時間を確保するなど、自分自身を大切に過ごすことが重要です。

〈やってみよう！演習〉
　保護者と「安心した関係」を築くために、教師として「心がけること」「大切にしたいこと」には何がありますか？ グループで話しあってみましょう。

| 本章のPOCKET | 「解決」「対応」ではなく「安心できる関係」を心がける |

（大竹　直子）

〈さらに学びたい人へ〉
・会沢信彦（編著）（2019）．教育相談の理論と方法　北樹出版
・諸富祥彦・水野治久・大竹直子（編著）（2004）．教師が使えるカウンセリング．ぎょうせい

〈参考・引用文献〉
大竹直子（2014）．やさしく学べる保育カウンセリング　金子書房

hapter ··· 12
専門機関、地域との連携

　みなさんは、知人や友人から難解な相談を受けたり、複数の相談を同時に抱えたりして困ってしまった経験はありませんか。そのような時は、おそらく自分より的確にアドバイスしてくれそうな人を紹介したり、誰かと一緒に確認・相談したりしながら対応してきたことと思います。

　学校において障害のある児童生徒と関わる上で、指導や支援のすべてを担任教師ひとりで抱え、適切に対応することは、きわめて困難といえるでしょう。そればかりか、支援の質が低くなったり、適したタイミングを逸してしまったりと、子どもやその保護者にとって、また、教師自身や学校全体にとってもよい結果につながるとはいえません。これからの学校教育、とりわけ特別支援教育の推進においては、多様な専門性をもつ人たちが連携・協働して「チームとしての学校」をつくり上げていくことが大切です。

　この章では、特別支援教育における専門機関等との連携について、その意義や必要性、連携の実際について紹介します。

第1節　連携の必要性

1．なぜ、連携するのか

　「この子のことなら私が一番知っている」。学校で自信満々にこう話す教師をしばしば見かけます。担任として、これくらいの熱意をもって子どもを理解しようとし、指導や支援にあたることは大切なことです。しかしながら、この教師も、生涯にわたりその子の指導や支援をしていくことはできません。学校では1年後、長くても3年後には次の担任へ、学校卒業時には、次の支援者へと支援や大切な情報を引き継いでいかなければなりません。また、障害のある児童生徒の教育的ニーズは、年齢が上がりライフステージが変わるにつれて変化します。一人ひとりの教育的ニーズに対し、確実に、きめ細かに対応するためには、多様な専門機関と連携した「チーム学校」で対応することが必要不可欠です。

以上のことから、連携の必要性については、次のようにまとめることができます。
①児童生徒の生涯にわたり、各年代、ライフステージに応じた支援を切れ目なくつないでいくため
②多様なニーズに応じた専門的で質の高い支援を行うため
③担任ひとりで抱え込まないようにするため
ほかにも、連携によって関わる人同士が、新しい知見にふれ、お互いに専門性を高めあえることも連携の大きなメリットといえます。

■■ 2．どこと連携するのか

　特別支援教育において、学校が主に連携する専門機関は次の通りです。
①医療・保健機関〜児童生徒の主治医、学校医、保健師、療育センターなど
②福祉関係機関〜区市町村障害福祉担当、児童相談所、基幹相談支援センター、放課後等デイサービス事業所など
③労働関係機関〜公共職業安定所（ハローワーク）、障害者職業センター、障害者就業・生活支援センターなど

　このほか、必要に応じて警察と連携する場合もあります。もちろん、保護者や地域の方々も大切な連携相手であり、そのすべてが障害のある児童生徒を支える「応援団」となります。

　連携先については、就学前は主に医療・保健機関、在学中は福祉行政機関や医療機関、学校から社会への移行期となる卒業前後は労働機関や福祉行政機関といったように、ライフステージに応じて中心的な連携先が少しずつ変わってきます。また、一人ひとりの障害の状態や家庭の状況、生活環境によっても異なります。

■■ 3．どのように連携するのか

　障害のある児童生徒の能力や可能性を最大限に伸ばしていくために、また、就学前から学校卒業後まで切れ目なく支援をつなぐために、支える関係機関とどのような連携を図っていくかを示したものが「個別の教育支援計画」です。個別の教育支援計画は、2018（平成30）年８月に一部改訂された学校教育法施

行規則により、特別支援学校に在籍する幼児児童生徒について作成することが法令上義務づけられました。また、小・中学校（義務教育学校および中等教育学校の前期課程を含む）の特別支援学級の児童生徒と、小・中学校、高等学校（中等教育学校の後期課程を含む）において通級による指導を受けている児童生徒についても、同様に義務づけられました。

　個別の教育支援計画には、担任が中心となって聞き取った、支援を必要とする児童生徒本人とその保護者の将来の生活への願いや教育的ニーズ、それを叶えるための支援目標や内容が長期的な視点で記載されます。また、それらのニーズや目標を支えるための専門機関とそれぞれの支援内容が示されます。その意味では、本計画は、一人ひとりの夢や願いを叶えるための「個別の応援計画」と言い換えることもできます。個別の教育支援計画は、保護者の同意のもとで、就学前から就学時、在学中、卒業後までその時々で関わる関係者と共有され、必要な支援をつないでいくツールとなります。（個別の教育支援計画については、第5章参照）

第2節　専門機関との連携

　実際に、学校が各専門機関とどのように連携しているか、連携の具体例をあげて説明します。

1. 医療・保健機関との連携

> 　中学2年のAさんは、地元の病院では難しい大きな手術をするため、遠方の病院に3ヶ月間入院することになりました。
> 　この期間の学びを保障するため、Aさんが在籍する中学校の特別支援教育コーディネーターが病弱教育特別支援学校に相談し、相談を受けた特別支援学校の教師が入院予定先の病院に対し、遠隔コミュニケーションロボットを使って授業を受けられるようにと交渉しました。結果、Aさんは病室にいながら在籍する中学校の授業を受けられることとなりました。

近年ではICTを活用した教育の充実により、学校と医療機関との連携の仕方

にもあらたな側面が加わってきました。テクノロジーの進化は、難しいと思われていた学びを可能にし、諦めざるをえなかった学びの権利を保障してくれます。事例のような学びを保障するためにも、今後、学校と専門機関との連携はますます重要になってくるといえます。

　学校と医療・保健機関との連携は、児童生徒をけがや病気から守り、安心して学校生活を送れるようにするために必要不可欠なものといえます。とくに特別支援教育では、児童生徒の障害や疾病の状態像を一人ひとり正しく把握しておくことが求められます。そのため、生育歴をはじめ、就学時に提出される障害や疾病についての情報や保護者とのやりとりから得られる日常的な配慮点なども、学校内のすべての教師で共有しておくことが大切です。それは、指導や支援を効果的に実施するために必要なことであり、場合によっては、児童生徒の命に関わる重要な情報を含んでいることがあるからです。情報は、児童生徒の成長につれて変化します。その意味でも、個別の教育支援計画によって大切な情報が切れ目なく引き継がれていくことが重要になります。

■■■ 2．警察との連携

> 　発達障害の診断がある高校３年のＢさんは、主治医から定められた服薬の用法や用量を守れず、その結果、精神的に不安定な状態になり、教師に対して暴力行為を働いてしまうことがありました。そのため、学校は、警察とも連携を図りながらＢさんに対応していくこととしました。
> 　警察との具体的な連携内容は、学校における緊急時の支援体制と、地域における持続的な支援体制の構築でした。学校を卒業してからも、Ｂさんが地域で安全に生活できるように、学校と警察以外に、医療機関、市役所の障害福祉課、基幹相談支援センターも加わり支援ネットワークを構築しました。卒業が近づいた頃には、就労をサポートする機関も加わりました。

　この事例のように、学校が、児童生徒の安全で安心な教育環境を確保するとともに、児童生徒の健全な成長や自立を促す指導や支援を行うために、しばしば警察との連携が必要になる時があります。その要因は、障害に起因して衝動的に暴力行為を起こす場合や、善悪の判断の未熟さから窃盗など刑罰法令に抵触する行為を働いてしまう場合、また、生理的欲求を理性が抑えきれず性的な

問題行動を起こしてしまう場合などさまざまあります。学校においては、生徒指導を充実させ、教育的配慮や指導の効果によって犯罪につながる行動を未然に防止することが大前提となります。しかしながら、障害の状態等によっては、服薬の調整がうまくいかなかったり、成長の過程で心身のバランスを崩したりして、行動や気持ちのコントロールがうまくいかなくなり、結果的に児童生徒が暴力行為や犯罪行為を起こしてしまうことがあります。

学校が警察と連携を図る理由は３つです。１つは、組織的な対応で暴力行為や犯罪行為を未然に防止し児童生徒を加害者になることから守るため、２つ目は、地域生活における継続的な支援体制を構築するため、そして３つ目は、主に指導を行う担任などがひとりで抱え込まないようにするためです。

警察との連携体制を構築するにあたっては、管理職等が連携の趣旨を説明し、ケース会議などで顔合わせをする機会を調整します。ケース会議では担任等も加わり、対象児童生徒の状況を詳しく説明し、連携によってどのようなサポート体制を構築できるか確認していきます。その際、保護者や本人に対しても警察との連携についての有効性や必要性を説明し同意を得ることが肝要です。説明の際は、児童生徒が学校や地域で安心して生活するための「応援団」が増えるという趣旨で説明すると同意が得やすくなります。

Ｂさんにとって、これらの支援体制を記載した個別の教育支援計画は、まさに「地域生活応援計画」であったと思います。

■■■ 3．児童相談所との連携

> 登校後、背中が痛いと言って泣き止まない小学校の特別支援学級１年のＣさん。担任がＣさんを保健室に連れて行き、養護教諭と一緒に背中の状態を確認したところ、Ｃさんの背中には赤いみみず腫れが複数ありました。
>
> 養護教諭はすぐさま教頭に連絡、教頭は校長に報告、校長は緊急のケース会議を開き、この件を児童相談所に通告することにしました。その後、学校で担任と保護者に対し児童相談所と警察による聞きとりが行われました。結果的に、この件は虐待案件となり、Ｃさんは児童相談所に一時措置されることになりました。

虐待やその疑いがある児童生徒への対応では、児童相談所との連携が必要に

なります。児童相談所は、児童虐待通告や学校等の関係機関からの情報提供を受け、子どもと家庭の状況を把握し対応方針の検討を行った上で、子どもを一時保護したり、保護者に指導やカウンセリングをしたりと、必要な支援や援助を行う役割を担っています。

　一方、学校は、児童虐待防止法（2000年）によって、次の役割を担うことと定められています。

①虐待を受けたと思われる子どもについて、市町村（虐待対応担当課）や児童相談所等へ通告すること（義務）

②虐待の早期発見に努めること（努力義務）

③虐待の予防・防止や虐待を受けた子どもの保護・自立支援に関し、関係機関への協力を行うこと（努力義務）

④虐待防止のための子ども及び保護者への啓発に努めること（努力義務）

⑤児童相談所や市町村（虐待対応担当課）などから虐待に係る子どもまたは保護者その他の関係者に関する資料又は情報の提供を求められた場合、必要な範囲で提供することができること

　Ｃさんの事例のように、学校が保護者に確認せず、すぐさま児童相談所に通告する行為は、保護者との関係性を考えると、担任としては大変悩ましく心苦しくも感じるかもしれません。しかしながら、学校は虐待を受けたと思われる子どもについては児童相談所等へ通告する義務を有していますし、保護者に対しては、児童相談所が適切に指導する権限と専門性を有しています。大切なことは、通告によって、子どもが守られるということです。

　虐待は、子どもを身体的、精神的に傷つけるばかりではなく、その後の生育状態や知的な発達にも深刻な影響を及ぼすことがあります。児童生徒が安心して学校生活を送ることができるようにするためには、児童生徒の表情やしぐさなどから、心や体に起きている小さな変化を見逃さないようにするとともに、少しでも違和感を抱いた際には、管理職等複数の教師で情報を共有しておくことが重要です。

■■■ 4．労働関係機関との連携

特別支援学校高等部を卒業したDさんは、4月から地元の縫製会社で働き始めました。半年が経ったある日、Dさんから学校の進路指導担当に相談の電話が入りました。話によると、休日、駅前を歩いていた際、知らない人から1枚の絵を30万円で買わされ、毎月2万円の請求が来るようになったということでした。

進路指導担当は、障害者就業・生活支援センターに相談し、支援をお願いすることにしました。障害者就業・生活支援センターの生活支援ワーカーのはたらきにより、契約解除の手続きがなされ、Dさんは悪徳商法への対処方法を学ぶ機会となりました。

学校から社会への移行期に入ると、進路に関する関係機関との連携が密接に図られるようになってきます。進路先として企業就労を希望する場合は、公共職業安定所（ハローワーク）、障害者職業センター、障害者就労・生活支援センターとの連携が重要になります。また、Dさんの事例のように、障害のある生徒の「働く」を支えるためには、暮らし方の知識や技能についても継続的な支援を必要とする場合もあります。

特別支援学校においては、進路指導担当が窓口となり、関係者が一堂に会して、生徒本人と保護者と一緒に具体的支援内容を確認する「個別移行支援会議」を開きます。この場で、個別の教育支援計画若しくは個別移行支援計画にあらたな支援内容を加筆作成し、各関係機関で共有します。なお、個別移行支援計画とは、主に進路指導の側面から、学校から社会への移行期間に限定して作成する「個別の教育支援計画」です。

各労働関係機関の役割と主な連携の形は次の通りです。

（1）公共職業安定所（ハローワーク）

公共職業安定所では、生徒自身が求職登録を行い、求人のある企業の紹介を受けたり、就職に必要な手続きや制度の説明を受けたりします。場合によっては、障害者雇用部門の担当者が、生徒の希望に応じた企業を訪問し、雇用につなげるための条件交渉をするなど、就職内定につながる個別的なサポートを受ける場合もあります。

（2）障害者職業センター

障害者職業センターでは、就職を希望する生徒が働くために必要な力が備わ

っているかについて評価を受けます。また、雇用後の支援に不安を感じている企業がある場合は、一定期間ジョブコーチが企業を訪問し、本人が力を発揮しやすい作業の提案や障害特性をふまえた支援の仕方等のアドバイスを行います。雇用された本人は、職場の人との関わり方や効率のよい作業の進め方などのアドバイスを受けます。

（3）障害者就業・生活支援センター

　障害者就業・生活支援センターからは、生徒が安定した就労生活を送ることができるようになるまで、相談対応や、生活のアドバイスを受けます。また、卒業後、すぐに就職が決まらなかった場合は、就職先の開拓や職場実習の支援も受けることができます。

　生徒一人ひとりが希望する進路先で安心して働き、安定した職業生活を送ることができるように、これらの支援内容を個別の教育支援計画若しくは個別移行支援計画に具体的に記載し、学校を卒業してからも各関係機関との連携を図ることができるようにします。

■■ 5．放課後等デイサービス事業所との連携

　学校が連携を図る福祉関係機関に、放課後等デイサービス事業所があります。放課後等デイサービス事業所は、障害のある児童生徒が学校や家庭以外で過ごす場の一つです。放課後等デイサービスは、生活能力向上のための継続的な活動を行い、障害のある子どもの自立を促進することを目的としています。また、障害のある子どもの保護者に対し、居場所を確保したり支援したりする役割も担っています。

　放課後等デイサービス事業所は、2012（平成24）年のサービス開始以来、全国で急激に増え続け、2021（令和3）年には開始時のおよそ6倍にあたる17,000以上の事業所がサービス提供を行っており、274,000人以上の児童生徒がサービスを利用しています（厚生労働省, 2022）。このサービスによって障害のある子どもたちが、放課後や長期休業中に目的をもって生活する場が広がり、保護者も、子どもの送迎や養育に割かれていた時間を自分の仕事などに充てたり、その分、子どもにゆとりをもって接することができたりするなど、障害のある子どもとその保護者の生活の質の向上が図られるようになってきました。

学校、家庭、放課後等デイサービス事業所は、それぞれ場こそ異なりますが、子どもの生活としては一つの流れでつながっています。学校と放課後等デイサービス事業所がそれぞれの支援を切れ目なくつなぐことにより、障害のある児童生徒は安心してもてる力を発揮し、よりよい成長を遂げることができます。

　放課後等デイサービスを利用した児童生徒が笑顔で家庭に帰り、次の日元気に学校に通ってくる。放課後等デイサービスを利用した児童生徒の保護者が笑顔で子どもを出迎え、次の日元気に生活する。子ども、保護者、教師、放課後等デイサービス事業所の職員みんなが幸福になるため、連携による共通理解は不可欠であるといえます。

■■■ 6．外部専門家との連携

　これまで紹介した関係機関のほかに、特別支援学校においては、理学療法士（PT）、作業療法士（OT）、言語聴覚士（ST）、視能訓練士（CO）などの自立活動に係る高度な専門性を有する各分野の外部専門家と連携した取り組みも行われています。

　たとえば、STからは、発音指導のほか、給食場面における咀嚼や嚥下の方法についてアドバイスを受け指導に生かします。OTからは、体幹が弱く座位保持が難しい児童生徒が一定時間安定した姿勢で学習できるような椅子の形や高さについての助言や、筆圧が弱い児童生徒が筆記具をしっかりと握り書字できるような補助具の紹介など、作業動作に関わる助言を受けます。これらの助言をもとに、担任は指導方法や指導計画の見直しを図っていきます。

　このように、児童生徒の障害の状態を多角的な視点でとらえ指導に生かすために外部専門家と連携体制を構築しておくことは、特別支援教育においては大変重要な要素といえます。

■■ 第3節 地域との連携

■■■ 1．地域の教育力を生かした教育活動

　少子化が進む現代社会において、子どもは地域の宝であり、学校は地域の希望です。学校は「社会に開かれた教育課程」の理念のもと、地域と積極的に関

わり、地域住民等と学校の目標やビジョンを共有し、連携・協働して児童生徒を育てていくことが求められています。

　筆者が勤務する秋田県では、「地域が教室」「地域が舞台」などのキャッチフレーズを掲げ、地域学習を教育課程の中心において小学部から高等部まで一貫した活動を展開している特別支援学校が多くみられます。具体的な取り組みとしては、伝統的な地域行事への参画、地域の商店街や無人駅などの清掃活動、高齢者住宅敷地の除雪活動、地域の特産物の生産・販売などがあげられます。

　また、学校運営協議会制度（コミュニティ・スクール）を設置した特別支援学校では、保護者代表や地域住民等からなる委員からの意見を学校運営に反映させ、委員それぞれも役割をもって学校運営に参画するなど、地域と一体となって特色ある学校づくりを進めています。

　地域との連携は、学校の教育活動が充実するばかりではなく、地域の障害者理解が進み、障害のある児童生徒たちが学校を卒業した後も、地域の一員として豊かに生活することができる共生社会づくりにつながるものと考えます。

　〈やってみよう！　演習〉
　あなたは、一般就労をめざす特別支援学校高等部２年Ｅさんの担任です。Ｅさんは知的障害がある浪費家の父親とふたり暮らしで、生活保護世帯です。Ｅさんの進路実現に向けどのような専門機関と連携が必要と考えますか。

　本章のPOCKET　「個別の教育支援計画」は、一人ひとりの夢や願いを叶えるための「個別の応援計画」

（小山　高志）

　〈さらに学びたい人へ〉
・香川邦生・大内進（編）（2021）．インクルーシブ教育を支えるセンター的機能の充実──特別支援学校と小・中学校等との連携──　慶應義塾出版会

〈参考・引用文献〉
市川裕二・緒方直彦・宮﨑英憲（企画・編集）全国特別支援教育推進連盟（編）（2022）．特別支援教育における学校・教員と専門家の連携　障害のある子供への支援を専門家と共に進めるために　ジアース教育新社
厚生労働省（2022）．放課後等デイサービスガイドライン　児童発達支援・放課後等デイサービスの現状等について　資料 p.8

文部科学省（2015）．新しい時代の教育や地方創世の実現に向けた学校と地域の連携・協働の在り方と
　　今後の推進方策について（平成27年12月　中央教育審議会答申）

文部科学省（2018）．特別支援学校教育要領・学習指導要領解説総則編（幼稚部・小学部・中学部）

文部科学省（2022）．生徒指導提要

柘植雅義（編集代表）大石幸二・鎌塚優子・滝川国芳（編著）（2017年）．共生社会の時代の特別支援
　　教育　第3巻　連携とコンサルテーション　多様な子供を多様な人材で支援する　ぎょうせい

hapter   ... 13

特別支援学校との連携

特別支援学校のセンター的機能の活用

　筆者は秋田県教育委員会の職員として、教職大学院の現職教員学生に、特別支援教育に関する講義を行ったことがあります。その際に、小学校の教師が話したことを紹介します。

　「私は教職大学院に来て、特別支援教育について学ぶことが多くあり、『あの時のことはこういうことだったのか』『もっと早く学んでおけばよかった』と思うことがあります。先ほど話のあった特別支援学校のセンター的機能という言葉を聞いたことはありますが、どういう時に、どうやって使うのですか？」

　いかがでしょうか？　教職大学院で学ぶ現職教員であっても、特別支援学校のセンター的機能について十分わからないという現状があります。本章を通して、特別支援学校のセンター的機能について一緒に学びましょう。

第1節 | 特別支援学校のセンター的機能とは何か

1. 特別支援学校のセンター的機能の法制化

　特別支援学校のセンター的機能に関する内容がはじめて公的に規定されたのは、特殊教育の時代になります。1999（平成11）年告示の盲学校、聾学校及び養護学校小学部・中学部学習指導要領の第1章第2節第7の2（12）には、「地域の実態や家庭の要請等により、障害のある児童若しくは生徒又はその保護者に対して教育相談を行うなど、各学校の教師の専門性や施設・設備を生かした地域における特殊教育に関する相談のセンターとしての役割を果たすよう努めること」と示されています。

　また、2003（平成15）年の「今後の特別支援教育の在り方について（最終報告）」では、「地域の特別支援教育のセンター的機能を有する学校へ」という項目で、「センター的機能」が文言として明確に示されました。

そして、特別支援教育が本格的にスタートする前年の2006（平成18）年、学校教育法に次の条文が追加されました。

第74条　特別支援学校においては、第72条に規定する目的を実現するための教育を行うほか、幼稚園、小学校、中学校、義務教育学校、高等学校又は中等教育学校の要請に応じて、第81条第一項に規定する幼児、児童又は生徒の教育に関し必要な**助言**（強調筆者、以下同じ）又は**援助**を行うよう努めるものとする。

ここでは詳しく述べませんが、特別支援学校のセンター的機能の法制化と並行し、全国各地でさまざまな事業や取り組みが急速に進みました。

■■■ 2．学習指導要領における規定

現行の学習指導要領における特別支援学校のセンター的機能に関する内容として、本章では小学校と特別支援学校について示します。

（1）小学校学習指導要領における規定

2017（平成29）年告示の小学校学習指導要領の第1章第4の2の（1）のアには、次のように示されています。

ア　障害のある児童などについては、特別支援学校等の**助言**又は**援助**を活用しつつ、個々の児童の障害の状態等に応じた指導内容や指導方法の工夫を**組織的**かつ計画的に行うものとする。

なお、小学校・中学校・高等学校学習指導要領において、特別支援教育に関する記述が総則で充実し、各教科等で新設されました。各校においては、特別支援学校のセンター的機能等を活用しながら、組織的かつ計画的な取り組みを一層進めていくことが望まれます。

また、2008（平成20）年告示の小学校学習指導要領における関係箇所では、「〜計画的、組織的に行うこと」と示されており、語順の変化から組織的な取り組みの重要性が推察されます。

（2）特別支援学校学習指導要領における規定

2017（平成29）年告示の特別支援学校小学部・中学部学習指導要領の第1章第6節の3には、次のように示されています。

3　小学校又は中学校等の要請により、障害のある児童若しくは生徒又は当該児童若し
くは生徒の教育を担当する教師等に対して必要な**助言**又は**援助**を行ったり、地域の実態
や家庭の要請等により保護者等に対して教育相談を行ったりするなど、各学校の教師の
専門性や施設・設備を生かした地域における特別支援教育のセンターとしての役割を果
たすよう努めること。その際、学校として組織的に取り組むことができるよう校内体制
を整備するとともに、他の特別支援学校や地域の小学校又は中学校等との連携を図るこ
と。

　なお、センター的機能の例示として、2005（平成17）年の中央教育審議会答
申「特別支援教育を推進するための制度の在り方について」では、①小・中学
校等の教員への支援機能、②特別支援教育等に関する相談・情報提供機能、③
障害のある幼児児童生徒への指導・支援機能、④福祉、医療、労働などの関係
機関等との連絡・調整機能、⑤小・中学校等の教員に対する研修協力機能、⑥
障害のある幼児児童生徒への施設設備等の提供機能の6点が示されています。

■■ 第2節 │ 特別支援学校のセンター的機能を 活用するにあたって：秋田県を例に

■■■ 1．特別支援学校のセンター的機能の具体的内容

　特別支援学校のセンター的機能として、先述した6点が例示されて以降、地
域や学校の実情に応じた取り組みが全国各地で進んでいます。秋田県では、毎
年発行している「特別支援教育の研修・相談案内」に、内容を掲載しています
（表13-1）。併せて、「申込みは随時受け付けておりますので、各特別支援学校
にお問い合わせください」と示し、最終ページには各特別支援学校の電話番号
と担当する研修・相談を掲載し、小学校等教職員の理解と活用を図っています。
　なお、秋田県の近年の特徴として、表中①教職員への支援機能の「障害理解
授業に関する支援」の増加があります。交流及び共同学習の事前学習として行
うことも多く、インクルーシブ教育システムの理念を実現する大切な取り組み
であるととらえています。

表13-1　センター的機能の具体的内容（例）

①教職員への支援機能	・対象幼児児童生徒の実態把握に関する支援 ・個別の教育支援計画および個別の指導計画の作成・活用支援 ・障害理解授業に関する支援
②相談・情報提供機能（教職員、幼児児童生徒およびその保護者）	・学習面や生活面に関する教育相談 ・特別支援教育に関する情報提供
③幼児児童生徒への指導・支援機能	・障害等に応じた学習方法等に関する支援 ・障害に応じた補助具等の活用に関する支援
④関係機関等との連絡・調整機能	・医療、福祉、労働などの関係機関等に関する情報提供
⑤教職員に対する研修協力機能	・各学校（園）における研修会への協力 ・研修会、講習会等の実施 ・「特別支援学校体験研修」の受入
⑥施設設備等の提供機能	・特別支援学校の学校見学や体験学習等の受入

■■■　2．特別支援教育に関わる自校の主体的取り組みへの助言・援助

　小学校等が特別支援学校のセンター的機能を活用する上で、自校の特別支援教育に対する主体的な取り組みが必要です。たとえば「お任せします」といった依頼であれば、自校の児童生徒一人ひとりを大事に考えているとはいいがたく、特別支援教育の推進にはつながらないでしょう。

　次ページの図13-1は、「特別支援教育の研修・相談案内」からの抜粋です。先述した各校での「組織的な取り組みの重要性」をふまえ、特別支援教育の基本となる考え方「一人一人の教育的ニーズに応じた指導・支援の充実」に向けて、校（園）内支援体制の機能向上を図るために研修や相談を活用するイメージ図になっています。

　特別支援学校のセンター的機能は、右下「相談」の枠内にありますが、実際は各校が上部の内容に組織的に取り組むなかで依頼を受け、一緒に考えていくことになります。

　特別支援学校のセンター的機能による助言・援助が効果を発揮するためには、管理職のリーダーシップと特別支援教育コーディネーターの連絡・調整、教職員一人ひとりの理解と取り組みによる、学校全体としての主体的かつ組織的な取り組みが大切になります。

校（園）内支援体制の機能向上を図る
本案内記載の研修及び相談の活用イメージ

校（園）内委員会

☆管理職のリーダーシップ
☆特別支援教育コーディネーターの連絡・調整

特別支援教育に係る年間計画の作成

特別な支援を必要とする幼児児童生徒の確認、実態把握

指導・支援方針の検討及びケース会議の開催　　校（園）内研修会の実施

年間計画及び指導・支援の評価・改善

個別の教育支援計画・個別の指導計画を活用した指導・支援

研修　　　　　　　　　相談

・担当教員の実践的指導力向上の
　ための研修
・担当教職員の専門性向上のため
　の研修　　　　　　　　　等

・小・中学校等特別支援チーム
・高等学校特別支援チーム
・特別支援学校のセンター的機能
・特別支援教育地域支援センター
　（特別支援教育アドバイザー）等

相談の効果的な活用
に向けて、小・中学校
等特別支援チームの活
用例（12ページ）を参
考にしてください。

校（園）内支援体制の機能向上

一人一人の教育的ニーズに
応じた指導・支援の充実

図13－1　校（園）内支援体制の機能向上を図る研修及び相談の活用イメージ
（令和5年度　特別支援教育の研修・相談案内）

第3節 ▎特別支援学校のセンター的機能活用の実際

　筆者が以前関わった、センター的機能活用の2つの事例を紹介します。なお、知能検査の種類は当時のものとなります。

■■ 1．A小学校における活用（通常の学級）

表13－2は、A小学校の通常の学級における1年間の活用経過です。なお、一部の内容は、県教育委員会の事業を活用し、教育事務所の指導主事もA小を訪問しています。

（1）センター的機能等活用の実際

対象児童Cさんは通常の学級に在籍する5年男子です。ADHDの診断を受けていますが、こだわりの強さや感覚の過敏さなど広汎性発達障害（現. 自閉症スペクトラム障害）の特徴もみられました。また、12月に実施した知能検査（WISC-Ⅲ）では全検査IQが101と平均域でしたが、言語性IQと動作性IQ、群指数の間に有意差がみられました（言語性IQ90、動作性IQ113：言語理解86、知覚統合120、注意記憶100、処理速度78）。

Cさんについて、前年度は県教育委員会の事業でA小を2回訪問しました。授業参観とそれまでの観察記録から、情緒の安定と成長が少しみられたため、単発的な訪問に終わりました。また、6月の校長からの電話相談では緊急性が高くありませんでした。

しかし、10月に校長から巡回相談の依頼があった際には、「落ち着かない状況が続いている」「早めの相談と継続的な助言・援助をお願いしたい」という話があり、緊急性と継続的な訪問の必要性を感じました。巡回相談では学習面、生活面、長所や興味、保護者や関係機関との連携に関する情報を把握した後、5年生になり困難さが増していることや、今年度転勤してきた担任は本人の思いに応えたいがどうしていいかわからず悩んでいることを確認しました。

この状況を受け、Cさんの特性をふまえたチームによる一貫した継続的指導・支援と、そのツールになる個別の指導計画が必要であることから、計画の作成を当面の目標としました。そして、目標の達成に向けた段階的な取り組みとして、①授業参観による観察と暫定的な指導・支援方針の設定、②一定期間の行動観察と記録、③チームによる行動記録の分析と行動の見方の確

表13－2　A小学校における活用経過

月	内　容
6	電話相談（校長）
10	巡回相談（校長、担任）
	授業参観・相談（校内委員会）
11	巡回相談（校内委員会）
12	取組経過の説明（全職員）
	知能検査と結果報告（校内委員会、保護者）

認、④知的レベルと特性把握の知能検査の実施、⑤知能検査の結果報告による特性の共通理解と指導・支援方針の設定の５段階に、丁寧に取り組むことを提案しました。その後、提案事項を表中の経過のなかで取り上げ、最終的には個別の指導計画の作成に至りました。

（2）段階的な取り組みのポイントと成果・課題

段階的な取り組みのポイントは３点あります。１点目は最優先課題である行動面への対応であり、学校からのニーズに応えることは重要となります。２点目はチームによる行動記録の分析であり、アセスメントの段階から校内委員会を機能させる取り組みがチームによる支援力を形成していきます。３点目は知能検査の実施です。知的レベルや認知特性の客観的情報が、指導・支援方針の手がかりとなり、結果報告の機会は、保護者を共同支援者にするきっかけにもなります。

１年間の成果として、基本的な方針と対応の設定により担任の迷いが軽減したこと、一貫した対応の継続によりＣさんが落ち着いてきたこと、チームによる行動観察・記録・分析が観察力とチーム力を形成したこと、知能検査の実施により保護者と認知特性を共有し、指導・支援方針を確認できたことなどがあります。

一方で、対応の緊急性は低くなったものの、学習面や行動面での課題はあり、次年度は中学校進学に向けた取り組みが始まります。引き続き個別の指導計画を柱に、一貫した継続的指導・支援を組織的に行う必要があることを確認しました。

■■ 2．B小学校における活用（情緒障害特別支援学級、通常の学級）

次ページの表13－３は、B小学校における１年間の活用経過です。なお、情緒障害特別支援学級の担任は、今年度転勤してきたＥ教諭であり、これまでの特別支援学級・特別支援学校での経験から、特別支援教育コーディネーターも兼任しています。

（1）情緒障害特別支援学級における活用の実際

B小学校には今年度、情緒障害特別支援学級が新設され、広汎性発達障害（現. 自閉症スペクトラム障害）の疑いがあるＤさん（１年女子）が在籍しています。

表13－3　B小学校における活用経過

月	情緒障害特別支援学級	通常の学級（特別支援教育コーディネーター同席）
4	授業参観・相談（担任）	
5	授業参観・相談（担任）	
	授業参加・相談（担任）	
6		授業参観と相談（全学級担任）
7		相談（6年担任、保護者）
8		知能検査（6年児童）と結果報告（6年担任、保護者）
9		知能検査（3年児童）と結果報告（3年担任、保護者）
10	知能検査の研修（担任）	
11		
12	知能検査の実施（担任）	授業参観（3年）と相談（3年担任）
1	知能検査の結果分析（担任）	相談（3年担任、保護者）
		個別の指導計画の作成支援（3年担任）

　4月早々、E教諭から担任する学級の相談を受けました。内容は教室環境や時間割といった物理的・時間的枠組みの整備であり、新設学級であることやDさんの特性から最優先の課題でした。授業参観を通した相談では、課題解決に向けた具体的提案に加え、E教諭が今後の計画を立てやすくなるように、月1回程度の訪問は可能であること、学級経営が軌道に乗ってきたら特別支援教育コーディネーターの業務も助言・援助できることを伝えました。

　Dさんははじめての人・物・場所への不安が強く、入学前の知能検査は実施できなかった経緯があります。客観的な情報の必要性から、5月にはB小を2回訪問し、知能検査の実施に向けて関係づくりをしました。ふだん使用している教材を通してやりとりすることはできましたが、検査用具にはとても拒否的でした。そこで、E教諭が知能検査の仕方を研修し、時期を見計らって実施することが望ましいと提案しました。結果、12月にE教諭が知能検査（田中ビネー）を実施し、Dさんは休憩を入れながらも50分取り組み、IQ40という数値と認知特性や手立てを把握することができました。

　E教諭の丁寧な観察と実践の積み重ねにより、年度末には「教材への興味の有無にかかわらず、特定の教師と一定時間学習に向かうことができつつある段階」までDさんは成長しました。

（2）通常の学級における活用の実際：特別支援教育コーディネーターの立場から

　E教諭の学級経営が軌道に乗ってきた6月には、昨年度同様、全学級の授業参観と担任・特別支援教育コーディネーターとの相談を行いました。これまでの情報や指導・支援を確認することができ、今年度転勤してきたE教諭には、学校全体の状況を把握できる有効な機会となりました。

　この機会を通して、E教諭と各担任は、気になる児童について日常的に情報交換できる関係となりました。その後、児童2名に関する担任・保護者との相談、個々の特性と指導・支援に必要な手立てを把握するための知能検査の実施へとつながりました。うち1名の児童については相談を継続し、学級や家庭における指導・支援のポイントを具体化したことで、個別の指導計画の作成と家庭での実践へとつながりました。いずれも、E教諭が特別支援教育コーディネーターの役割を理解し、担任と保護者をつなぐ意識をもち続けたことによるものと考えます。

（3）取り組みのポイントと成果・課題

　B小学校における取り組みのポイントは2点あります。1点目は、E教諭の特別支援学級における課題解決を優先した上で、特別支援教育コーディネーターの業務を含めた今後の見通しを示したことです。助言・援助できる内容を明確にし、定期的に訪問することによって、今年度転勤してきたE教諭の不安は徐々に解消されていきました。2点目は、取り組みの状況を毎回教頭に報告し、情報の共有に努めたことです。教頭との情報共有によって、E教諭の心理的負担が軽減されるとともに、他の教師にとっても安心感につながりました。

　今後は、今年度の取り組みをもとにしながら、校内委員会が機能するような年間計画の作成と実施など、組織的な取り組みが必要であることを確認しました。

　　〈やってみよう！　演習〉
　あなたは担任として、在籍する児童生徒のために特別支援学校のセンター的機能を活用する必要があると考えています。142ページの図13−1を参考に、どのようなことについて助言・援助が必要か、そのことを校内の誰に相談するか個人で考えた後、ペアやグループで伝えあいましょう。

本章のPOCKET	特別支援学校との連携と併せ、学校全体としての組織的な取り組みが大切

（清水　潤）

〈さらに学びたい人へ〉

・柘植雅義・田中裕一・石橋由紀子・宮﨑英憲（編著）（2012）．特別支援学校のセンター的機能——全国の特色ある30校の実践事例集——　ジアース教育新社

・香川邦生・大内進（編著）（2021）．インクルーシブ教育を支えるセンター的機能の充実——特別支援学校と小・中学校等との連携——　慶応義塾大学出版会

〈引用・参考文献〉

秋田県教育委員会（2023）．令和5年度 特別支援教育の研修・相談案内

中央教育審議会（2005）．特別支援教育を推進するための制度の在り方について（答申）

文部省（1999）．盲学校、聾学校及び養護学校小学部・中学部学習指導要領

文部科学省（2008）．小学校学習指導要領

文部科学省（2017）．小学校学習指導要領

文部科学省（2017）．特別支援学校小学部・中学部学習指導要領

清水潤（2008）．実践紹介　稲川養護学校のセンター的機能と川連小学校との連携　特別支援教育研究　№ 610, 12−15　日本文化科学社

清水潤・内海淳（2008）．特別支援学校のセンター的機能における特別支援教育コーディネーターの実践　秋田大学教育文化学部教育実践研究紀要　第30号

特別支援教育の在り方に関する調査研究協力者会議（2003）．今後の特別支援教育の在り方について（最終報告）

富沢信恵（2008）．実践紹介　稲川養護学校のセンター的機能を活用して　特別支援教育研究№ 610, 16−19　日本文化科学社

hapter ... 14
特別支援教育に関する主な法規等

　法規というと堅苦しく、教員が管理されているといったイメージをもちがちですが、みなさんがこれから学ぶ特別支援教育の充実に向け、必要なことは法令や通知にすべて規定されているといっても過言ではありません。また、法規等の理念や内容を理解することは、特別な教育的ニーズのある児童生徒に対する見方・考え方を豊かにし、指導・支援の教育や支援の充実につながることを心にとめてほしいと願っています。本章で紹介する法規等の名称の下には、その法規等が示す内容やキーワードを示しています。

第1節　特別支援教育推進のための法規等

　「なぜ、特別支援教育を推進する必要があるのか」という問いに、みなさんはどのように答えるでしょうか。この問いに対して、まずは教育基本法や障害者基本法などの理念を押さえておく必要があります。また、近年、発達障害のある児童生徒への対応が喫緊の課題となっている現状に鑑み、発達障害者基本法の理念や内容をふまえて教育や支援にあたることを期待しています。

1．教育基本法：1947（昭和22）年、2006（平成18）年改正
教育の機会均等

　教育基本法には、教育の機会均等の理念が示されており、「すべて国民は、ひとしく、その能力に応じた教育を受ける機会を与えられなければならず（後略）」（第4条1項）「国及び地方公共団体は、障害のある者が、その障害の状態に応じ、十分な教育を受けられるよう、教育上必要な支援を講じなければならない」（同2項）ことが規定されています。

■■ 2．障害者基本法：1970（昭和45）年

（1）共生社会の実現と障害者の自立及び社会参加

　障害者基本法は「全ての国民が、障害の有無によつて分け隔てられることなく、相互に人格と個性を尊重し合いながら共生する社会を実現するため、（中略）障害者の自立及び社会参加の支援等のための施策を総合的かつ計画的に推進する」ことを目的として制定されています（第1条）。

（2）社会的障壁と障害の社会モデル

　この法律において、障害者とは「身体障害、知的障害、精神障害（発達障害を含む。）その他の心身の機能の障害（以下「障害」と総称する。）がある者であつて、障害及び**社会的障壁**により継続的に日常生活又は社会生活に相当な制限を受ける状態にあるもの」と定義されています（第2条1項）。

　ここで重要なのが「社会的障壁」という用語であり、「障害がある者にとつて日常生活又は社会生活を営む上で障壁となるような社会における事物、制度、慣行、観念その他一切のものをいう」と定義されています（同2項）。障害や不利益・困難が生じるのは、目が見えない、手が動かせないなどの個人の心身機能のみが原因ではなく、障害のない人を前提に作られた社会のしくみ、文化や慣習にあるという「障害の社会モデル」の考え方がこの法律の根底にあります。

（3）障害者差別の解消

　また、この法律では「障害者に対して、障害を理由として、差別することその他の権利利益を侵害する行為をしてはならない」ことが規定されています（第4条1項）。障害者差別の解消については、第2節において詳しく述べます。

（4）インクルーシブ教育

　第16条1項には「国及び地方公共団体は、障害者が、その年齢及び能力に応じ、かつ、その特性を踏まえた十分な教育が受けられるようにするため、可能な限り障害者である児童及び生徒が障害者でない児童及び生徒と共に教育を受けられるよう配慮しつつ、教育の内容及び方法の改善及び充実を図る」こととして、インクルーシブ教育に関する内容が規定されています。

■■■ 3．発達障害者支援法：2004（平成16）年

（1）発達障害の定義

　この法律では**発達障害**を「自閉症、アスペルガー症候群その他の広汎性発達障害、学習障害、注意欠陥多動性障害その他これに類する脳機能の障害であってその症状が通常低年齢において発現するものとして政令で定めるもの」と規定しています（第2条1項）。なお、発達障害の定義、種類・名称等は、福祉や医療、教育の分野によって若干異なることがあります。

（2）発達障害者に対する幅広い支援策

　この法律では、障害者基本法でも述べた「社会的障壁」に関する規定のほか、児童の発達障害の早期発見、早期の発達支援、保育、教育、放課後児童健全育成事業の利用、情報の共有の促進、就労の支援、地域での生活支援、権利利益の擁護など、幅広い支援策が規定されています。

（3）教育分野における支援策

　教育分野における支援策として、「国及び地方公共団体は、発達障害児（中略）が、その年齢及び能力に応じ、かつ、その特性を踏まえた十分な教育を受けられるようにするため、可能な限り発達障害児が発達障害児でない児童と共に教育を受けられるよう配慮しつつ、適切な教育的支援を行うこと、個別の教育支援計画の作成（中略）及び個別の指導に関する計画の作成の推進、いじめの防止等のための対策の推進その他の支援体制の整備を行うことその他必要な措置を講じるものとする」ことが規定されています（第8条1項）。

■■ 第2節 │ インクルーシブ教育システム構築に関する法規等

　2006（平成18）年、国連で「障害者の権利に関する条約」が採択され、教育の分野では、障害のある子どもと障害のない子どもがともに学ぶインクルーシブ教育の理念が提唱されました。我が国は、本条約への批准に向け、中央教育審議会においてインクルーシブ教育システム構築のための方策を報告したり、障害者差別解消法を制定したりしました。これらの法規等の理念と内容を学ぶことにより、インクルーシブ教育システム構築に関する理解を深め、共生社会

の形成に寄与できる教育実践ができるよう期待しています。

■■ 1. 障害者の権利に関する条約 (障害者権利条約)：2006 (平成18) 年

(1) 条約批准までの道のり

　障害者権利条約は、2006 (平成18) 年、第61回国連総会において採択され、2008 (平成20) 年に発効しました。我が国は2007 (平成19) 年に同条約に署名し、障害者基本法の改正、障害を理由とする差別の解消の推進に関する法律の制定、学校教育法の改正等を経て2014 (平成26) 年に批准しました。

(2) インクルーシブ教育システム

　条約第24条によれば、「『インクルーシブ教育システム』(inclusive education system、署名時仮訳：包容する教育制度) とは、人間の多様性の尊重等の強化、障害者が精神的及び身体的な能力等を可能な最大限度まで発達させ、自由な社会に効果的に参加することを可能とするとの目的の下、障害のある者と障害のない者が共に学ぶ仕組みであり、障害のある者が『general education system』(署名時仮訳：教育制度一般) から排除されないこと、自己の生活する地域において初等中等教育の機会が与えられること、個人に必要な『合理的配慮』が提供される等が必要」とされています。

■■ 2. 共生社会の形成に向けたインクルーシブ教育システム構築のための特別支援教育の推進 (報告)：2012 (平成24) 年

(1) 個別の教育的ニーズに応える多様な学びの場

　本報告では、インクルーシブ教育システムにおいては「同じ場で共に学ぶことを追求するとともに、個別の教育的ニーズのある幼児児童生徒に対して、自立と社会参加を見据えて、その時点で教育的ニーズに最も的確に応える指導を提供できる、多様で柔軟な仕組みを整備することが重要である。小・中学校における通常の学級、通級による指導、特別支援学級、特別支援学校といった、連続性のある『多様な学びの場』を用意しておくことが必要である」と提起されています。

(2) 就学相談・就学先決定のしくみの改正

　本報告では、就学基準 (学校教育法施行令第22条の3) に該当する障害のある子

どもは特別支援学校に原則就学するという従来の就学先決定のしくみを改めることが提起されました。その結果、2013（平成25）年に学校教育法施行令が改正され「障害の状態、本人の教育的ニーズ、本人・保護者の意見、教育学、医学、心理学等専門的見地からの意見、学校や地域の状況等を踏まえた総合的な観点から就学先を決定するしくみ」へと改められました。

（3）合理的配慮

本報告では、「合理的配慮」を「障害のある子どもが、他の子どもと平等に『教育を受ける権利』を享有・行使することを確保するために、学校の設置者及び学校が必要かつ適当な変更・調整を行うことであり、障害のある子どもに対し、その状況に応じて、学校教育を受ける場合に個別に必要とされるもの」であり、「学校の設置者及び学校に対して、体制面、財政面において、均衡を失した又は過度の負担を課さないもの」と定義しています。

たとえば、視覚障害（弱視）の幼児児童生徒のために文字を拡大した資料を提供する、知的障害の幼児児童生徒が理解できるように文章を簡潔にしたり読み仮名をつけたりする、肢体不自由の幼児児童生徒のために校舎にスロープ、手すり、開き戸、自動ドア、障害者用トイレを設置するなどの配慮があげられます。

なお、障害者基本法において、合理的配慮を怠ることは「障害者に対して、障害を理由として、差別することその他の権利利益を侵害する行為」と解され、学校教育を行う上でもとくに留意する必要があります。

（4）校内支援体制の確立

多様な子どものニーズに的確に応えていくためには、校長のリーダーシップのもと、校内支援体制を確立し、特別支援教育支援員の充実、また、スクールカウンセラー、スクールソーシャルワーカー、ST（言語聴覚士）、OT（作業療法士）、PT（理学療法士）等の専門家の活用を図ることにより、障害のある子どもへの支援を充実させることが必要であると提起されました。

（5）交流及び共同学習の推進

本報告では、「特別支援学校と幼・小・中・高等学校等との間、また、特別支援学級と通常の学級との間でそれぞれ行われる交流及び共同学習は、特別支援学校や特別支援学級に在籍する障害のある児童生徒等にとっても、障害のな

い児童生徒等にとっても、共生社会の形成に向けて、経験を広め、社会性を養い、豊かな人間性を育てる上で、大きな意義を有するとともに、多様性を尊重する心を育むことができる」と提起されました。

（6）関係機関等との連携

インクルーシブ教育システムを構築する上では、医療、保健、福祉、労働等の関係機関等との適切な連携が重要です。地域内の有機的なネットワークを形成し、保護者支援を行うこと、連絡協議会を設置すること、個別の教育支援計画を相互に連携して作成・活用することが重要とされています。

（7）教職員の専門性の向上

インクルーシブ教育システム構築のため、「すべての教員は、特別支援教育に関する一定の知識・技能を有していること」が求められました。とくに「発達障害に関する一定の知識・技能は、発達障害の可能性のある児童生徒の多くが通常の学級に在籍していることから必須である」と提起されています。

文部科学省は2022（令和4）年3月、各都道府県教育委員会等に対し、教員の採用段階において、特別支援教育に関わる経験等を考慮するなどの工夫を行うことや、すべての新規採用教員がおおむね10年以内に特別支援教育を複数年経験することとなるよう人事上の措置に努めることなどを通知しました。

■■■ 3．障害を理由とする差別の解消の推進に関する法律
（障害者差別解消法）：2013（平成25）年
（1）障害者差別の解消による共生社会の実現

この法律は、国連の「障害者の権利に関する条約」の締結に向けた国内法制度の整備の一環として、障害者基本法の基本的な理念にのっとり、「全ての障害者が、障害者でない者と等しく、基本的人権を享有する個人としてその尊厳が重んぜられ、その尊厳にふさわしい生活を保障される権利を有することを踏まえ（中略）障害を理由とする差別の解消を推進し、もって全ての国民が、障害の有無によって分け隔てられることなく、相互に人格と個性を尊重し合いながら共生する社会の実現に資すること」を目的として制定されました。

（2）不当な差別的取扱いの禁止と合理的配慮

この法律では、「障害を理由とした不当な差別的取扱いの禁止」と「社会的

障壁の除去の実施のために必要かつ合理的な配慮」が求められました。「障害を理由とした不当な差別的取扱いの禁止」とはたとえば、障害があることを理由に、教育相談や受験を拒否する、児童生徒がひとりで参加できる学校行事に家族のつき添いを求めるといったことがあげられます。「社会的障壁の除去の実施のために必要かつ合理的な配慮」の具体例については先述した通りです。

　これらの法律のもと、多くの地方公共団体では、職員が適切に対応するために必要な要領（対応要領）が定められています。地方公共団体の職員となる教育公務員は対応要領を確認して学校教育にあたる必要があります。

■■ 第3節 | 個々の教育的ニーズに応じた 特別支援教育の推進に関する法規等

　2007（平成19）年、文部科学省は「特別支援教育の推進について（通知）」を発出し、これまでの特別な場で教育を行う「特殊教育」から、子ども一人ひとりの教育的ニーズに応じた適切な指導及び必要な支援を行う「特別支援教育」への発展的な転換が行われました（第1章参照）。子ども一人ひとりの教育的ニーズに応じた適切な指導及び支援を実現するため、特別支援教育に関して具体的内容が規定されている学校教育法及び同施行令並びに施行規則の内容をしっかり理解することを期待しています。

■■■ 1. 特別支援教育の推進について（通知）：2007（平成19）年
（1）特別支援教育の理念

　この通知において、「特別支援教育は、障害のある幼児児童生徒の自立や社会参加に向けた主体的な取組を支援するという視点に立ち、幼児児童生徒一人一人の教育的ニーズを把握し、その持てる力を高め、生活や学習上の困難を改善又は克服するため、適切な指導及び必要な支援を行うものである。また、特別支援教育は、これまでの特殊教育の対象の障害だけでなく、知的な遅れのない発達障害も含めて、特別な支援を必要とする幼児児童生徒が在籍する全ての学校において実施されるものである。さらに、特別支援教育は、障害のある幼児児童生徒への教育にとどまらず、障害の有無やその他の個々の違いを認識し

つつ様々な人々が生き生きと活躍できる共生社会の形成の基礎となるものであり、我が国の現在及び将来の社会にとって重要な意味を持っている」とその理念が記されました。

（2）校長の責務

校長（園長を含む。以下同じ。）の責務として「特別支援教育実施の責任者として、自らが特別支援教育や障害に関する認識を深めるとともに、リーダーシップを発揮すること」が求められました。

（3）特別支援教育を行うための体制の整備及び必要な取組

学校における体制整備と必要な取り組みとして、主に以下の点が記されました。

①特別支援教育に関する校内委員会の設置

各学校においては、校長のリーダーシップの下、全校的な支援体制を確立し、発達障害を含む障害のある幼児児童生徒の実態把握や支援方策の検討等を行うため、校内に特別支援教育に関する委員会を設置すること。

②実態把握

各学校においては、在籍する幼児児童生徒の実態の把握に努め、特別な支援を必要とする幼児児童生徒の存在や状態を確かめること。

③特別支援教育コーディネーターの指名

各学校の校長は、特別支援教育のコーディネーター的な役割を担う教員を「特別支援教育コーディネーター」に指名し、校務分掌に明確に位置付けること。

④関係機関との連携を図った「個別の教育支援計画」の策定と活用

特別支援学校においては、長期的な視点に立ち、乳幼児期から学校卒業後まで一貫した教育的支援を行うため、医療、福祉、労働等の様々な側面からの取組を含めた「個別の教育支援計画」を活用した効果的な支援を進めること。また、小・中学校等においても、「個別の教育支援計画」を策定するなど、関係機関と連携を図った効果的な支援を進めること。

⑤「個別の指導計画」の作成

特別支援学校においては、幼児児童生徒の障害の重度・重複化、多様化等に対応した教育を一層進めるため、「個別の指導計画」を活用した一層の指導の

充実を進めること。また、小・中学校等においても、「個別の指導計画」を作成するなど、一人一人に応じた教育を進めること。

⑥教員の専門性の向上

各学校は、校内での研修を実施したり、教員を校外での研修に参加させたりすることにより専門性の向上に努めること。

（4）特別支援学校における取組

特別支援学校における取り組みとして、主に以下の点が記されました。

①特別支援教育のさらなる推進

特別支援学校は、これまでの盲学校・聾学校・養護学校における特別支援教育の取組をさらに推進しつつ、様々な障害種に対応することができる体制づくりや、学校間の連携などを一層進めていくこと。

②地域における特別支援教育のセンター的機能の充実

特別支援学校においては、これまで蓄積してきた専門的な知識や技能を生かし、地域における特別支援教育のセンターとしての機能の充実を図ること。特に、幼稚園、小学校、中学校、高等学校及び中等教育学校の要請に応じて、障害のある幼児児童生徒のための個別の指導計画の作成や個別の教育支援計画の策定などへの援助を含め、その支援に努めること。

③特別支援学校教員の専門性の向上

特別支援学校は、地域における特別支援教育の中核として、様々な障害種についてのより専門的な助言などが期待されていることに留意し、特別支援学校教員の専門性のさらなる向上を図ること。

■■■ 2．学校教育法：1947（昭和22）年

（1）特別支援学校の目的

特別支援学校の目的として「視覚障害者、聴覚障害者、知的障害者、肢体不自由者又は病弱者（身体虚弱者を含む。以下同じ。）に対して、幼稚園、小学校、中学校又は高等学校に準ずる教育を施すとともに、障害による学習上又は生活上の困難を克服し自立を図るために必要な知識技能を授ける」ことが示されています（第72条）。また、地域の特別支援教育に関するセンター的役割を果たすよう努めることが求められています（第74条）。

（2）特別支援学級設置の規定

　また、小学校、中学校、義務教育学校、高等学校及び中等教育学校には、特別支援学級を置くことができると規定されています（第81条2項）。

■■■ 3．学校教育法施行令：1953（昭和28）年
障害のある子どもの就学等の支援

　学校教育法施行令には、障害のある子どもが特別支援学校に就学する際の手続きや関係者への通知等に関して細かく規定されています。また、特別支援学校へ就学する者の障害の程度が示されています（第22条の3）。

■■■ 4．学校教育法施行規則：1947（昭和22）年
（1）教育課程の編成

　特別支援学校の小学部の教育課程は「国語、社会、算数、理科、生活、音楽、図画工作、家庭、体育及び外国語の各教科、特別の教科である道徳、外国語活動、総合的な学習の時間、特別活動並びに自立活動によって編成するものとする」と規定されています（第126条1項）。また「前項の規定にかかわらず、知的障害者である児童を教育する場合は、生活、国語、算数、音楽、図画工作及び体育の各教科、特別の教科である道徳、特別活動並びに自立活動によって教育課程を編成するものとする。ただし、必要がある場合には、外国語活動を加えて教育課程を編成することができる」と規定されています（同2項）。

　中学部（第127条）および高等部（第128条）の教育課程に関しては、編成する教科等の種類や数が異なりますが、おおまかな方針は同じであるため省略します。

（2）学習指導要領の位置づけ

　「特別支援学校の幼稚部の教育課程その他の保育内容並びに小学部、中学部及び高等部の教育課程については、（中略）特別支援学校幼稚部教育要領、特別支援学校小学部・中学部学習指導要領及び特別支援学校高等部学習指導要領によるものとする」（第129条）とあるように、学習指導要領を教育課程編成の基準として位置づけています。

（3）各教科等を合わせた指導

「特別支援学校の小学部、中学部又は高等部においては、特に必要がある場合は、各教科又は各教科に属する科目の全部又は一部について、合わせて授業を行うことができる」（第130条）、また「知的障害者である児童若しくは生徒又は複数の種類の障害を併せ有する児童若しくは生徒を教育する場合において特に必要があるときは、各教科、特別の教科である道徳、外国語活動、特別活動及び自立活動の全部又は一部について、合わせて授業を行うことができる」（同2項）と規定されています。児童生徒の心身の発達の段階や障害の状態によっては、各教科等を並列的に指導するより、合わせて指導することで効果の上がることがあるため、このような規定が設けられています。

（4）個別の教育支援計画の作成義務

特別支援学校および特別支援学級において、個別の教育支援計画の作成義務が規定され、関係機関との情報共有を図ることが求められています（第134条の2、第139条の2）。

（5）通級による指導の規定

通級による指導に関する規定として、言語障害者、自閉症者、情緒障害者、弱視者、難聴者、学習障害者、注意欠陥多動性障害者、その他障害のある者に、**特別の教育課程**による教育を行うことができると示されています（第140条）。

〈やってみよう演習〉

学校において，障害のある幼児児童生徒に対し，障害に基づく差別的取り扱いがみられる場面や合理的配慮が行われていないと考えられる場面をあげてみましょう。また，それらを解決していくための方策を紹介しあいましょう。

| 本章のPOCKET | 「障害の社会モデル」の考え方に基づく特別支援教育の理解と充実 |

（藤井　慶博）

〈さらに学びたい人へ〉

・文部科学省．特別支援教育をめぐる制度改正（https://www.mext.go.jp/a_menu/shotou/tokubetu/001.htm，令和5年9月18日閲覧）
・内閣府．リーフレット「令和6年4月1日から合理的配慮の提供が義務化されます！」（https://www8.cao.go.jp/shougai/suishin/sabekai_leaflet-r05.html，令和5年9月18

日閲覧）

〈参考・引用文献〉

中央教育審議会初等中等教育分科会（2012）．共生社会の形成に向けたインクルーシブ教育システム構築のための特別支援教育の推進（報告）（https://www.mext.go.jp/b_menu/shingi/chukyo/chukyo3/044/houkoku/1321667.htm，令和 5 年 9 月18日閲覧）

文部科学省（2018）．特別支援学校教育要領・学習指導要領解説総則編（幼稚部・小学部・中学部）

文部科学省（2022）．特別支援教育を担う教師の養成，採用，研修等に係る方策について（通知）（https://www.mext.go.jp/content/20220331-mxt_tokubetu01-000021707_5.pdf，令和 5 年 9 月18日閲覧）

文部科学省（2007）．特別支援教育の推進について（通知）（https://www.mext.go.jp/ b _menu/shingi/chukyo/chukyo3/044/attach/1300904.htm，令和 5 年 9 月18日閲覧）

hapter ... 15

教師・保護者が「一緒に」
子どもを育てる

　研修等の機会に学校を訪問すると、「保護者との関わり方が難しい。どうすればよいのか？」という教師の声を耳にすることがあります。本章は、そうした声に応えるため、筆者の経験・考えに基づく「教師・保護者連携」の具体方策を提言します。以下のQRコードにリンクづけした動画は、2020（令和2）年の前期大学講義の1コマです。当時の大学は、コロナ禍に伴い、全講義が遠隔実施となったため、筆者は「説明つき資料＆30分動画」を用意しました。とくに、動画はGoogleドライブに一定期間アップし、学生が「好きな時間・場所」で学ぶことができるよう、「オンデマンド（On-Demand＝要求に応じて）」式としました。受講学生からは「保護者への働きかけを『豆まき』とたとえたことでイメージがもちやすかった」等の感想が届けられた講義動画をご覧になってください。皆さんはどのような感想をもつでしょうか？

【30分講義動画の概要】
1. 講義名・日；特別支援教育論第13回遠隔講義・2020（令和2）年7月20日
2. 講義内容：保護者との連携～豆まき理論
3. 受講対象：教職課程履修2年生

■■ 第1節 | 保護者の「オニの心」の背景にあるもの

　筆者は、大人であれ、子どもであれ、誰もがもちあわせている「自分勝手な心、わがままな心、等」を「オニの心」ととらえています（曽山，2010）。今、学校現場では、保護者の「オニの心」対応に追われ、肝心の子どもの学習・生

【KazuStyle lec】
http://www.pat.hi-ho.ne.jp/soyama/topics/topics.html

活指導が疎かになってしまっている、という悩ましい声が耳に届きます。今から約40年前、筆者が初任者だった頃に関わった保護者は「オニの心」ではなく、優しく、広い「仏の心」で若い筆者を見守ってくれたことを思い起こします。

では、なぜ、今、保護者は「オニの心」を出すのでしょうか。その背景として、筆者は、一昔前に比べ、家庭・地域における人と人との「かかわりの糸」が弱かったり、細かったりしているからではないかと考え

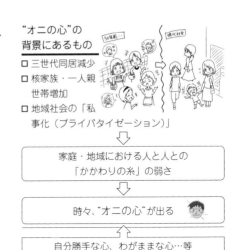

"オニの心"の
背景にあるもの
□ 三世代同居減少
□ 核家族・一人親
　世帯増加
□ 地域社会の「私
　事化（プライバタイゼーション）」

↓

家庭・地域における人と人との
「かかわりの糸」の弱さ

↓

時々、"オニの心"が出る

↑

自分勝手な心、わがままな心…等

図15-1　"オニの心"の背景にあるもの

ています。さらに、なぜ、「糸」が弱い・細いのかといえば、その理由として、次の３つのことがあげられるのではないかと推察しています（図15-1）。

1. 三世代同居の減少　→　「子育ての知恵」を学ぶ機会が減っている。
2. 核家族・一人親世帯の増加　→　仕事や生活を抱えながらの子育てでストレスが募る。
3. 地域社会の「私事化（プライバタイゼーション）」　→　「まわりのこと（公的）はどうでもいい。何よりも自分のこと（私的）を大事にする」という風潮が地域社会に拡がっている。

このように、人と人との「かかわりの糸」の弱さ・細さが、保護者の「オニの心」を生んでいるとしたら、その「オニの心」を鎮めるには、やはり、教師が保護者と積極的に「かかわりの糸」を結ぶ働きかけを行うことがまずは何よりも大切なのではないでしょうか。そして、「糸」が結ばれたならば、その「糸」は少しずつ、関わりを通して強く・太くなっていくことでしょう。

■ 第2節　「オニの心」の鎮め方：豆まき理論

古くから、立春の前日にあたる節分には、邪気を払い、福を呼びこむために、

"オニの心"の鎮め方「豆まき理論」

- ☐ 1　名前を大切にする
- ☐ 2　「現実の打ち出の小槌」を振る
- ☐ 3　最強・最高・「最幸」の言葉「ありがとう」をなじませる
- ☐ 4　一緒に子育てという「登山」をする
- ☐ 5　うまくやれているときを逃さず言葉をかける
- ☐ 6　笑顔をその瞬間につくる
- ☐ 7　「私」の思い・気持ちを語る
- ☐ 8　「手柄」はすべて保護者に返す

> 邪気払いの節分：「豆まき」になぞらえ、"オニの心"を鎮め、良好な関係という"福"を招くアプローチを「豆まき理論」と呼称

図15－2　「豆まき理論」

「豆をまく」風習があります。筆者は、この「豆まき」になぞらえ、「オニの心」を鎮め、良好な関係という「福」を招くアプローチを「豆まき理論」として、整理・提言しています（曽山, 2020）。具体的な「豆まき（働きかけ）」は図15－2に示した8つです。

以下、保護者の「オニの心」を鎮める「豆まき」を順に説明します。

■■■　1．名前を大切にする

筆者が、ある県の初任者研修講師を務めた際のエピソードです。会場最前列に座っていた受講者にロールプレイ等の演習の相手をしてもらったため、自然に「○○さん」と名前を多く呼ぶことになりました。研修後、その受講者の感想に「たくさん名前を呼んでいただけて、それがこんなに嬉しいことなんだと肌で実感することができた。人生のなかで一番印象に残るご講義だった」とありました。受講者は、なぜ、それほど嬉しかったのでしょうか？　それは「その他大勢からただひとり選ばれて名前を呼ばれた」からだろうと思います。筆者自身、息子が幼稚園児だった時、担任の先生から、「○○君のお父さん」と呼ばれるよりは、「曽山さん」と呼ばれる方がはるかに嬉しかったという記憶があります。名前を大切にして、面談等の際も、「○○さん」と保護者に呼びかけてみてはいかがでしょうか？　きっと「かかわりの糸」が少しずつ結ばれていきます。

■■■　2．「現実の打ち出の小槌」を振る

ある講演会で、「あの人が頷くだけで出る勇気」という言葉を学びました。とても心に響く言葉であり、その時以降、筆者の座右の銘の1つになっていま

す。この「頷き」の大切さを、たとえを変えて、「現実の打ち出の小槌」としてみました。お伽噺の「一寸法師」に登場する「打ち出の小槌」は、振ればお宝がザクザクと出てきます。この伝説の小槌を実際には手にすることはできませんが、教師であれば、「頷きという現実の打ち出の小槌」は、ぜひ、手にしたいところです。保護者の話を、丁寧に、しっかりと頷きながら聴くことで、そこには、「安心」「信頼」がザクザクと生まれます。

■■■ 3．最強・最高・「最幸」な言葉 「ありがとう」をなじませる

　筆者が、養護学校教師であった頃のエピソードです。「先生方に、ありがとうと言われたことはありません」と話す保護者がいました。はたして教師は、そんなにぞんざいな、礼儀知らずの人間なのでしょうか？　そうではなく、その保護者は、教師から「ありがとうございます」と言われてはいるものの、その言葉が心にとどまらないのだろうと思います。なぜ、とどまらないのか？それは、さまざまな特性のあるわが子との関わりに精一杯で、教師の言葉を心にとどめる余裕がないからなのかもしれません。そうであるならば、教師は保護者に「ありがとう」の言葉がとどまるよう、くり返し、声をかけ続けたいものです。素敵な日本語の一つである「ありがとう」は、ゴードンによって提唱されたコミュニケーション訓練法；『親業』（ゴードン，1998）における「プラスのアイ（わたし）メッセージ」、『アドラー心理学』における「勇気づけ」の言葉です。保護者と関わるさまざまな機会・場面で、最強にして最高、そして、「最幸」な言葉である「ありがとう」をかけ続けていきましょう。そうすることで、教師からの「ありがとう」が保護者の心に少しずつなじみ、とどまるようになります。

■■■ 4．一緒に子育てという「登山」をする

　筆者は、ある教育雑誌の対談で出会った保護者Aさんの、「先生から『一緒に考えていきましょう』と言っていただくだけで、先生を信じることができます」という言葉を大切にしています。Aさんのお子さんは、自閉症スペクトラム障害であり、小学校・中学校で過ごした9年間をふり返ると、こだわりの強さに起因する学習・対人関係面でのトラブルも多くあったとのことでした。対

談のなかで、筆者が、「保護者として、担任に望むことはどんなことでしょうか？ 私は教師対象の研修・講演の機会がありますので、保護者の思いを伝えますよ」と声をかけたところ、話してくださったのが冒頭の言葉です。

　障害のある子の保護者にとっては、教師から「今日、友だちにひどいことを言って、ケンカになってしまいました」「授業中の立ち歩きが多く、困っています」等、心安まらない言葉が、届けられることも時にはあるでしょう。そして、それらの言葉を聞く耳は幸せにならず、「オニの心」も少しずつふくらんでしまうこともあるでしょう。そうした「オニの心」が大きくふくらまないように、教師は、「一緒に考えていきましょう」という「豆まき」を心がけたいものです。教師が保護者にかける「一緒に」という言葉は、保護者からの信頼を生む「魔法の言葉」ともいえます。教師だけが頑張っても、あるいは保護者だけが頑張っても、子育てという登山はうまくいきません。「一緒に」という言葉が両者の仲立ちになれば、子育てという登山はうまくいき、やがて、頂上を踏んだ時、子どもの笑顔という「最高の景色」を目にすることができるでしょう。どうぞ、その「景色」を楽しみに。

■■■ 5．うまくやれている時を逃さず言葉をかける

　「ブリーフセラピー（短期療法）」には、教師が知っておくとよい考え方やテクニックが多くあります。「例外探し」もその一つです（図15-3を参照）。例外とは「既にできていること、うまくやれていること」と定義されます。たとえば、障害特性のあるわが子とうまく関われないＡ先生の悪口を言う保護者がいるとしましょう。保護者の目からとらえた「Ａ先生へのオニの心」に対して、同僚である担任としては「そうですよね」と同調することはできません。この「保護者がＡ先生を悪く言うこと」を問題ととらえた時、問題の例外とは「その保護者がＡ先生を褒めること」となります。その例外が見つかったならば、次は、「なぜ、保護者はＡ先生を褒めたのか」を検討します。この検討作業をブリーフセラピーでは「例外の責任追求」といいます。これもたとえば、担任が保護者に対して、ある場面でのＡ先生と子どもの微笑ましいかかわりの様子を伝えた時に、「そうそう、Ａ先生も優しいところがありますよね」と褒めたとしましょう。そして、その「Ａ先生を褒めたきっかけ」となる事実が見つか

ったならば、次もそれを行え
ばよいということです。この
ように、うまくやれている時
があったなら、その事実を逃
さずにつかみ、それを伝えて
いくと、「オニの心」を鎮め
ることもできるでしょう。保
護者とのさまざまな関わりの
面で、「問題」が見つかった
としても、「問題の例外＝う
まくやれていること」を探す

うまくやれている時を
逃さず言葉をかける

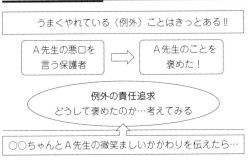

図15－3 「例外探し」の具体例

ことも心がけたいものです。「例外」のなかに、明日からの関わりのヒントが
隠されていることもあります。

■■■ 6．笑顔をその瞬間につくる

　毎日、心身共に絶好調であれば何よりですが、時として気分がすぐれなかっ
たり、体調が悪かったりすることは誰にでもあることです。しかし、寝込むこ
となく学校に行き、授業をする・面談をするとなれば、子どもや保護者の前で、
「笑顔をその瞬間につくる。教育のプロならばできること」と、筆者はいつも
自分に言い聞かせてきました。そして、実際、笑顔でいると、少しずつ気分や
体調が戻ってくることが多くあったとふり返っています。このことは心理学の
知見である「ジェームズ＝ランゲ説」によって説明がつきます。この知見は、
一言で言えば、「行動が感情をつくる」というものです。以下に例を示します。

悲しい（感情）から泣く（行動）のではない。泣く（行動）から悲しい（感情）のだ。
仮に、感謝の気持ち（感情）が湧かないとしても、「ありがとう」と言う（行動）ように
すると、やがて、感謝の気持ち（感情）が湧いてくる。

　保護者と関わったり、面談をしたりする際は、状況・内容がさまざまであり、
「必ず」とか「ずっと」笑顔でいることを心がけよ、というものではありませ
ん。状況・内容が許す時、「笑顔をその瞬間につくる」準備をしておくことが

大切です。保護者の「オニの心」を鎮める「笑顔という豆まき」は、筆者の長い教師経験のなかでも、抜群の効果を発揮した「豆まき」です。

■■■ 7.「私」の思い・気持ちを語る

保護者との関わりでは、教師自身の思いや気持ちを伝えねばならないこともあります。その際には、自分も大事にする、そして、相手も大事にするコミュニケーションスタイル、すなわち「アサーション」を忘れずに関わりたいものです。また、祝婚歌（吉野, 1999）の一節にある「正しいことを言うときは少し控えめにするほうがいい」という言葉も大切にするとよいです。以下、「障害のあるわが子（A）の宿題に関し、複数の要望がある保護者」への、アサーティブな応対例を示します。

> 「国語プリントのマスに答えを書き入れるのが難しいので、マスをもう少し大きくしてほしい」「集中力が短いので、算数の宿題は少なくしてほしい」というご要望に関してですが、国語プリントはすぐに改善いたします。算数の宿題については、A君ならば今の問題数（10問）をやりきれると思っております。プリントに励ましの言葉も添えてみますので、もう少し様子を見させていただけないでしょうか？

■■■ 8.「手柄」はすべて保護者に返す

教師の日々の働きかけにより、子どもは成長・変化します。それを教師の「手柄」とたとえます。その「手柄」をすべて保護者に返すよう、日頃から意識するとよいです。図15－4に示したように、「最近、学級のなかで、A君の笑顔が増えてきました。いつもお父さん、お母さんが、ご家庭で声をかけてくださるからだ

「手柄」はすべて保護者に返す

□ 子どもの成長・変化は私たちの「手柄」
□ その「手柄」はすべて保護者に返す

〈例〉最近、学級の中で、A君の笑顔が増えてきました。いつもお父さん、お母さんが、ご家庭で声をかけてくださるからだと思います。どうもありがとうございます。

実際は、家で声をかけていないとしても
次からは声をかけようと思ったり、子どもを褒めたりして、
プラスのスパイラルが生ずる

保護者が変わることで、子どもはさらに成長・変化＝「大手柄」

図15－4　「手柄の返し方」具体例

と思います。どうもありがとうございます」と、「豆をまく」ことで、保護者は、「もっと声をかけよう」「次は褒めよう」等と意識し、子どもへのかかわり方がよい方向に変わります（＝プラスのスパイラル）。家庭内で、保護者が「オニの心」を鎮め、子どもに向きあい始めると、子どもはさらに成長・変化する、すなわち「大手柄」が教師に返ってきます。それを楽しみに待つとよいでしょう。

〈やってみよう！ 演習〉

　8つの「豆まき」（働きかけ）のなかで、「これは使える・使いたい」というものは何でしょうか？　まずは個人で考えてみましょう。その後、無理のない範囲で、ペアやグループで「気づいたこと・感じたこと」を伝えあいましょう。

| 本章のPOCKET | 豆まき（働きかけ）で親（保護者）は教師のサポーターになる。|

（曽山　和彦）

〈さらに学びたい人へ〉

・森俊夫（2000）．先生のためのやさしいブリーフセラピー　ほんの森出版

〈引 用 文 献〉

アラン、神谷幹夫（訳）（1998）．幸福論　岩波書店

ゴードン，T.、近藤千恵（訳）（1998）．親業——子どもの考える力をのばす親子関係のつくり方——　大和書房

曽山和彦（2010）．時々"オニの心"が出る子どもにアプローチ——学校がするソーシャルスキル・トレーニング——　明治図書出版

曽山和彦（2020）．「豆まき理論」で心を鎮める　時々"オニの心"が出る保護者との関係づくり　明治図書出版

吉野弘（1999）．吉野弘詩集（p.88）角川春樹事務所

索　引

•—————————————• 執筆者紹介 •—————————————•

曽山　和彦（そやま　かずひこ）（編者、序・1・7・15章）名城大学教授

岸田　優代（きしだ　まさよ）（第2章）信州大学非常勤講師

髙橋　あつ子（たかはし　あつこ）（第3章）早稲田大学大学院教授

堀部　要子（ほりべ　ようこ）（第4章）名古屋女子大学准教授

三浦　光哉（みうら　こうや）（第5章）山形大学大学院教授

吉田　小百合（よしだ　さゆり）（第6章）児童発達支援、放課後等デイサービスあさみ
　　　　　や代表、名城大学非常勤講師

丹羽　友佳（にわ　ともか）（第8章）名城大学非常勤講師

鹿嶋　真弓（かしま　まゆみ）（第9章）立正大学教授

勝田　拓真（かつだ　たくま）（第10章）名古屋女子大学講師

大竹　直子（おおたけ　なおこ）（第11章）千葉大学総合安全衛生管理機構、カウンセラー

小山　高志（こやま　たかし）（第12章）秋田県教育庁特別支援教育課指導チームチーム
　　　　　リーダー

清水　潤（しみず　じゅん）（第13章）秋田県立大曲支援学校せんぼく校副校長

藤井　慶博（ふじい　よしひろ）（第14章）秋田大学大学院教授

編著者紹介

曽山　和彦

　名城大学教授。
　群馬県出身。東京学芸大学卒業、秋田大学大学院修士課程修了、中部学院大学大学院博士課程修了。博士（社会福祉学）。上級教育カウンセラー、学校心理士。ガイダンスカウンセラー。東京都、秋田県の養護学校教諭、秋田県教育委員会指導主事、管理主事、名城大学准教授を経て現職。
　著書に『教室でできる特別支援教育　子どもに学んだ「王道」ステップ　ワン・ツー・スリー』（文溪堂）、『誰でもできる！　中1ギャップ解消法』（教育開発研究所）、『「豆まき理論」で心を鎮める　時々“オニの心”が出る保護者との関係づくり』（明治図書出版）、『「気になる子」が通常学級に溶け込む！　10の理論・10の技法』（ほんの森出版）、『超多忙でも実践できる！　スリンプル（スリム＆シンプル）・プログラム──週1回10分の「○○タイム」で「かかわりの力」を育てる』（ほんの森出版）ほか多数。

子どもを応援するための特別支援教育

2024年3月25日　初版第1刷発行

編著者　曽山　和彦

発行者　木村　慎也

印刷　恵友社／製本　和光堂

発行所　株式会社　北樹出版

〒153-0061　東京都目黒区中目黒1-2-6
URL:http://www.hokuju.jp
電話(03)3715-1525(代表)　FAX(03)5720-1488